中华人民共和国
安全生产法
（最新图解版）

本书编写组

中国言实出版社

图书在版编目(CIP)数据

中华人民共和国安全生产法：最新图解版/《中华人民共和国安全生产法：最新图解版》编写组编. —北京：中国言实出版社，2015.6

ISBN 978-7-5171-1179-5

Ⅰ.①中… Ⅱ.①中… Ⅲ.①安全生产法—法律解释—中国 Ⅳ.①D922.545

中国版本图书馆CIP数据核字（2015）第131550号

责任编辑：周汉飞

出版发行 中国言实出版社

地　　址：北京市朝阳区北苑路180号加利大厦5号楼105室
邮　　编：100101
编辑部：北京市西城区百万庄大街甲16号五层
邮　　编：100037
电　　话：64924853（总编室）　64924716（发行部）
网　　址：www.zgyscbs.cn
E-mail：zgyscbs@263.net

经　　销 新华书店
印　　刷 三河市祥达印刷包装有限公司
版　　次 2015年7月第1版　2015年7月第1次印刷
规　　格 880毫米×1230毫米　1/32　3.75印张
字　　数 22千字
定　　价 18.00元　ISBN 978-7-5171-1179-5

目 录
CONTENTS

第一章

总则

第一条

1 为了加强安全生产工作

2 防止和减少安全生产事故

3 保障人民群众生命和财产安全

4 促进经济社会持续健康发展

制定本法

> 为了加强安全生产工作，防止和减少生产安全事故，保障人民群众生命和财产安全，促进经济社会持续健康发展，制定本法。

第二条

本法适用范围

安全生产法

生产经营单位

消防安全

道路交通安全

铁路交通安全

水上交通安全

民用航空安全

核与辐射安全

特种设备安全

另有规定的适用其规定

> 在中华人民共和国领域内从事生产经营活动的单位（以

下统称生产经营单位）的安全生产，适用本法；有关法律、行政法规对消防安全和道路交通安全、铁路交通安全、水上交通安全、民用航空安全以及核与辐射安全、特种设备安全另有规定的，适用其规定。

第三条

安全生产理念	安全生产方针	安全生产工作机制
以人为本	安全第一	生产经营单位负责
坚持安全发展	预防为主	职工参与
	综合治理	政府监管
		行业自律
		社会监督

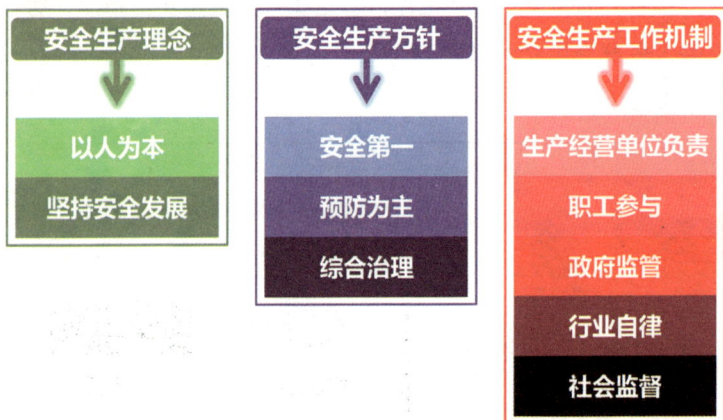

　　安全生产工作应当以人为本，坚持安全发展，坚持安全第一、预防为主、综合治理的方针，强化和落实生产经营单位的主体责任，建立生产经营单位负责、职工参与、政府监管、行业自律和社会监督的机制。

第四条

生产经营单位安全生产主体责任

1 遵守本法和其他有关法律、法规

2 加强安全生产管理

3 建立、健全安全生产规章制度

4 改善安全生产条件

5 推进安全生产标准化建设

生产经营单位必须遵守本法和其他有关安全生产的法律、法规，加强安全生产管理，建立、健全安全生产责任制和安全生产规章制度，改善安全生产条件，推进安全生产标准化建设，提高安全生产水平，确保安全生产。

第五条

生产经营单位主要负责人对本单位的安全生产工作**全面负责**

生产经营单位的主要负责人对本单位的安全生产工作全面负责。

第六条

依法获得安全生产保障权利

依法履行安全生产方面义务

生产经营单位的从业人员

生产经营单位的从业人员有依法获得安全生产保障的权利，并应当依法履行安全生产方面的义务。

第七条

公会依法对安全生产工作进行监督

公会

组织职工参加安全生产工作的民主管理和民主监督

维护职工在安全生产方面的合法权益

单位制定或者修改有关安全制度，应当听取公会意见

工会依法对安全生产工作进行监督。

生产经营单位的工会依法组织职工参加本单位安全生产工作的民主管理和民主监督，维护职工在安全生产方面的合法权益。生产经营单位制定或者修改有关安全生产的规章制度，应当听取工会的意见。

第八条

国务院和县级以上地方各级人民政府应当根据国民经济和社会发展规划制定安全生产规划，并组织实施。安全生产规划应当与城乡规划相衔接。

1 **加强**
对安全生产工作的领导

2 **支持、督促各有关部门**
依法履行安全生产监督管理职责

国务院和县级
以上地方各级
人民政府

3 **解决**
安全生产监督管理中存在的重大问题

4 **建立健全**
安全生产工作协调机制

国务院和县级以上地方各级人民政府应当加强对安全生产工作的领导，支持、督促各有关部门依法履行安全生产监督管理职责，建立健全安全生产工作协调机制，及时协调、解决安全生产监督管理中存在的重大问题。

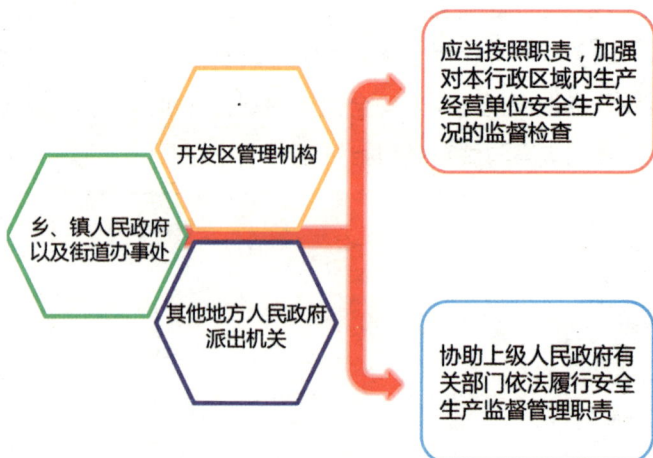

开发区管理机构

乡、镇人民政府
以及街道办事处

其他地方人民政府
派出机关

应当按照职责，加强对本行政区域内生产经营单位安全生产状况的监督检查

协助上级人民政府有关部门依法履行安全生产监督管理职责

乡、镇人民政府以及街道办事处、开发区管理机构等地方人民政府的派出机关应当按照职责，加强对本行政区域内生产经营单位安全生产状况的监督检查，协助上级人民政府有关部门依法履行安全生产监督管理职责。

第九条

国务院安全生产监督管理部门依照本法，对全国安全生产工作实施综合监督管理

县级以上地方各级人民政府安全生产监督管理部门依照本法对本行政区域内安全生产工作实施综合监督管理

国务院安全生产监督管理部门依照本法，对全国安全生产工作实施综合监督管理；县级以上地方各级人民政府安全生产监督管理部门依照本法，对本行政区域内安全生产工作实施综合监督管理。

国务院有关部门依照本法和其他有关法律、行政法规的规定，在各自的职责范围内对有关行业、领域的安全生产工作实施监督管理

县级以上地方各级人民政府有关部门依照本法和其他有关法律、法规的规定，在各自的职责范围内对有关行业、领域的安全生产工作实施监督管理

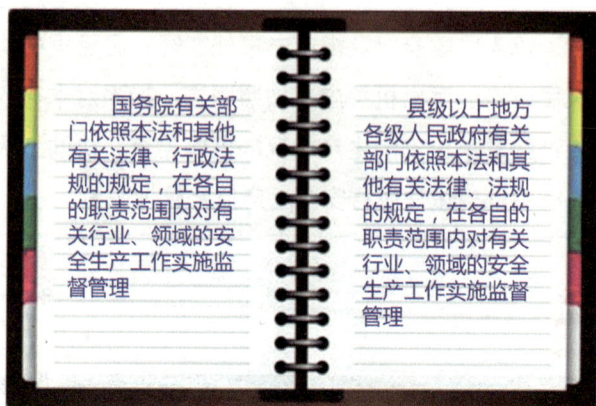

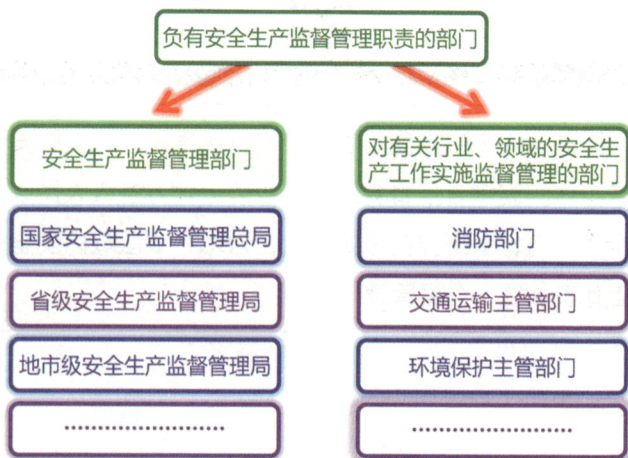

国务院有关部门依照本法和其他有关法律、行政法规的规定，在各自的职责范围内对有关行业、领域的安全生产工作实施监督管理；县级以上地方各级人民政府有关部门依照本法和其他有关法律、法规的规定，在各自的职责范围内对有关行业、领域的安全生产工作实施监督管理。

负有安全生产监督管理职责的部门

安全生产监督管理部门	对有关行业、领域的安全生产工作实施监督管理的部门
国家安全生产监督管理总局	消防部门
省级安全生产监督管理局	交通运输主管部门
地市级安全生产监督管理局	环境保护主管部门
……………	……………

安全生产监督管理部门和对有关行业、领域的安全生产工作实施监督管理的部门，统称负有安全生产监督管理职责的部门。

第十条

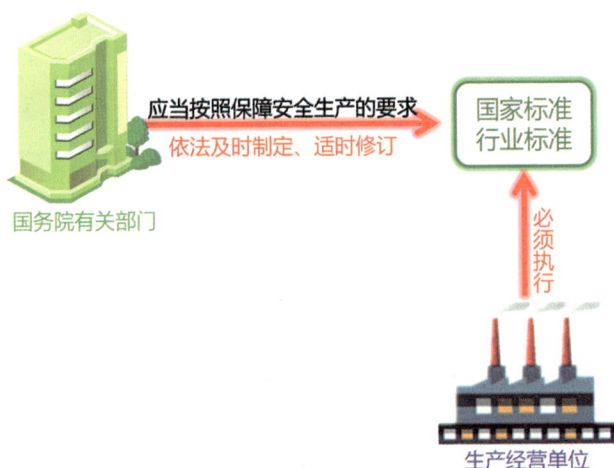

应当按照保障安全生产的要求
依法及时制定、适时修订

国务院有关部门

国家标准
行业标准

必须执行

生产经营单位

国务院有关部门应当按照保障安全生产的要求，依法及时制定有关的国家标准或者行业标准，并根据科技进步和经济发展适时修订。

生产经营单位必须执行依法制定的保障安全生产的国家标准或者行业标准。

第十一条

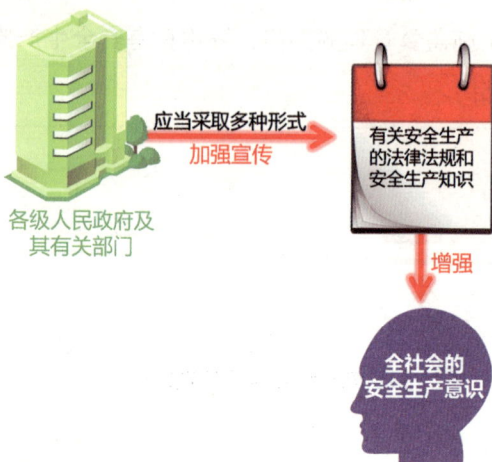

应当采取多种形式
加强宣传

有关安全生产
的法律法规和
安全生产知识

增强

全社会的
安全生产意识

各级人民政府及
其有关部门

> 各级人民政府及其有关部门应当采取多种形式，加强对有关安全生产的法律、法规和安全生产知识的宣传，增强全社会的安全生产意识。

第十二条

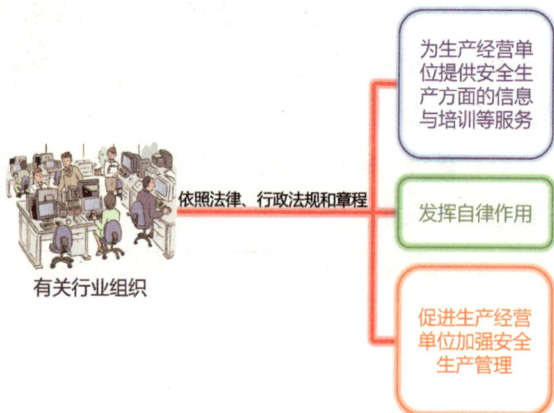

依照法律、行政法规和章程

为生产经营单位提供安全生产方面的信息与培训等服务

发挥自律作用

促进生产经营单位加强安全生产管理

有关行业组织

有关协会组织依照法律、行政法规和章程，为生产经营单位提供安全生产方面的信息、培训等服务，发挥自律作用，促进生产经营单位加强安全生产管理。

第十三条

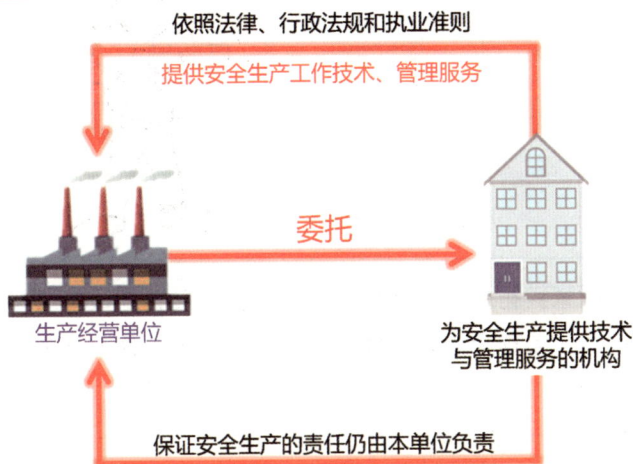

依法设立的为安全生产提供技术、管理服务的机构，依照法律、行政法规和执业准则，接受生产经营单位的委托为其安全生产工作提供技术、管理服务。

生产经营单位委托前款规定的机构提供安全生产技术、管理服务的，保证安全生产的责任仍由本单位负责。

第十四条

国家实行生产安全事故责任追究制度

依照本法和有关法律、法规的规定，追究生产安全事故责任人员的法律责任

国家实行生产安全事故责任追究制度，依照本法和有关法律、法规的规定，追究生产安全事故责任人员的法律责任。

第十五条

国家鼓励和支持安全生产科学技术研究和安全生产先进技术的推广应用，提高安全生产水平

国家鼓励和支持安全生产科学技术研究和安全生产先进技术的推广应用，提高安全生产水平。

第十六条

> 　　国家对在改善安全生产条件、防止生产安全事故、参加抢险救护等方面取得显著成绩的单位和个人，给予奖励。

第二章

生产经营单位的安全生产保障

第十七条

应当具备

生产经营单位

本法和有关法律、行政法规和国家标准或者行业标准规定的安全生产条件

不具备安全生产条件的

不得从事生产经营活动

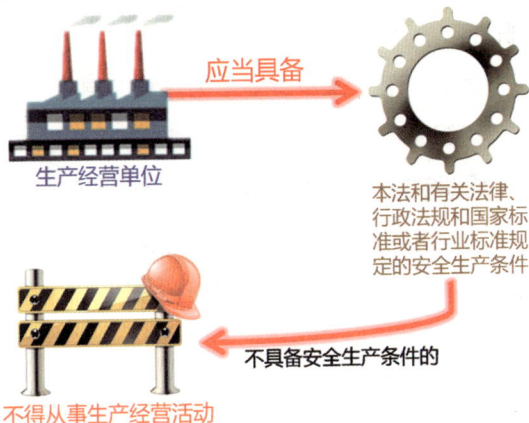

生产经营单位应当具备本法和有关法律、行政法规和国家标准或者行业标准规定的安全生产条件；不具备安全生产条件的，不得从事生产经营活动。

第十八条

生产经营单位的主要负责人对本单位安全生产工作负有下列职责：

○ 建立、健全本单位安全生产责任制

○ 组织制定本单位安全生产规章制度和操作规程

○ 组织制定并实施本单位安全生产教育和培训计划

○ 保证本单位安全生产投入的有效实施

○ 督促、检查本单位的安全生产工作，及时消除生产安全事故隐患

○ 组织制定并实施本单位的生产安全事故应急救援预案

○ 及时、如实报告生产安全事故

生产经营单位的主要负责人对本单位安全生产工作负有下列职责：

（一）建立、健全本单位安全生产责任制；

（二）组织制定本单位安全生产规章制度和操作规程；

（三）组织制定并实施本单位安全生产教育和培训计划；

（四）保证本单位安全生产投入的有效实施；

（五）督促、检查本单位的安全生产工作，及时消除生产安全事故隐患；

（六）组织制定并实施本单位的生产安全事故应急救援预案；

（七）及时、如实报告生产安全事故。

第十九条

生产经营单位的安全生产责任制应当明确各岗位的责任人员、责任范围和考核标准等内容

生产经营单位应当建立相应的机制，加强对安全生产责任制落实情况的监督考核，保证安全生产责任制的落实

　　生产经营单位的安全生产责任制应当明确各岗位的责任人员、责任范围和考核标准等内容。

　　生产经营单位应当建立相应的机制，加强对安全生产责任制落实情况的监督考核，保证安全生产责任制的落实。

第二十条

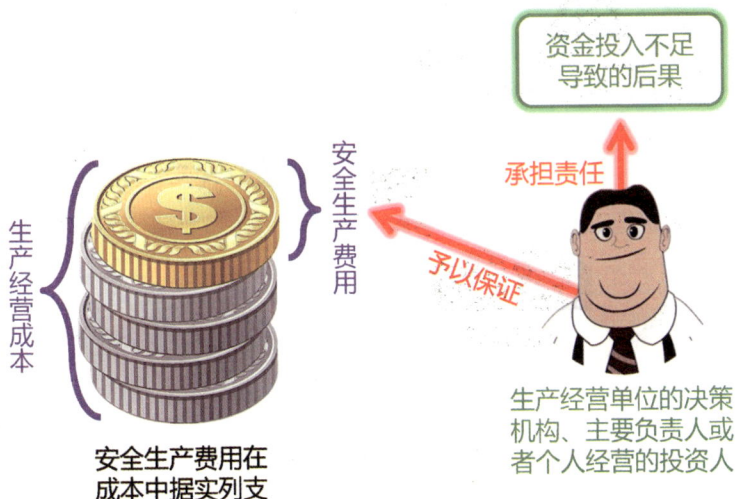

资金投入不足导致的后果

承担责任

予以保证

安全生产费用

生产经营成本

$\$$

安全生产费用在成本中据实列支

生产经营单位的决策机构、主要负责人或者个人经营的投资人

　　生产经营单位应当具备的安全生产条件所必需的资金投入，由生产经营单位的决策机构、主要负责人或者个人经营的投资人予以保证，并对由于安全生产所必需的资金投入不足导致的后果承担责任。

　　有关生产经营单位应当按照规定提取和使用安全生产费用，专门用于改善安全生产条件。安全生产费用在成本

中据实列支。安全生产费用提取、使用和监督管理的具体办法由国务院财政部门会同国务院安全生产监督管理部门征求国务院有关部门意见后制定。

第二十一条

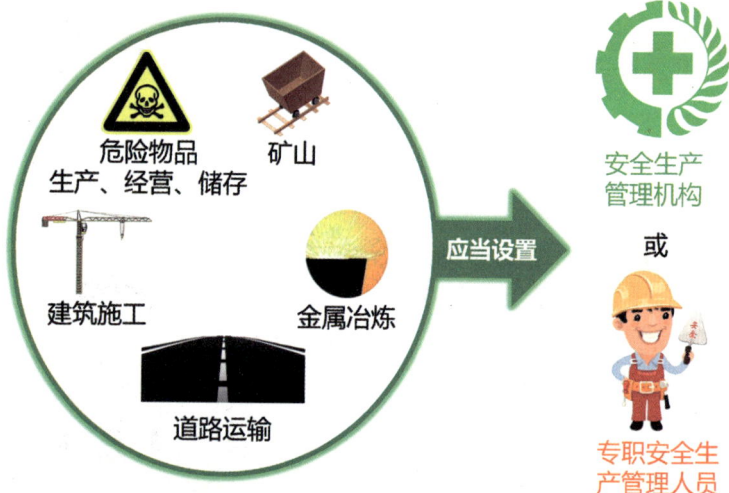

危险物品生产、经营、储存　矿山　金属冶炼　建筑施工　道路运输　应当设置　安全生产管理机构　或　专职安全生产管理人员

　　矿山、金属冶炼、建筑施工、道路运输单位和危险物品的生产、经营、储存单位，应当设置安全生产管理机构或者配备专职安全生产管理人员。

从业人员
>100人
设置

安全生产管理机构

或

专职安全生产管理人员

生产经营单位

从业人员
<100人
设置

专职或兼职安全
生产管理人员

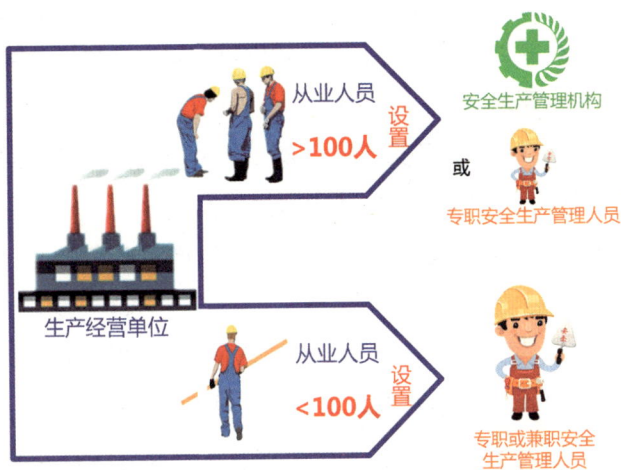

　　前款规定以外的其他生产经营单位，从业人员超过一百人的，应当设置安全生产管理机构或者配备专职安全生产管理人员；从业人员在一百人以下的，应当配备专职或者兼职的安全生产管理人员。

第二十二条

安全生产管理机构

职责

专职安全生产管理人员

组织或者参与拟订本单位安全生产规章制度、操作规程和生产安全事故应急救援预案

组织或者参与本单位安全生产教育和培训，如实记录安全生产教育和培训情况

督促落实本单位重大危险源的安全管理措施

组织或者参与本单位应急救援演练

检查本单位的安全生产状况，及时排查生产安全事故隐患，提出改进安全生产管理的建议

制止和纠正违章指挥、强令冒险作业、违反操作规程的行为

督促落实本单位安全生产整改措施

生产经营单位的安全生产管理机构以及安全生产管理人员履行下列职责：

（一）组织或者参与拟订本单位安全生产规章制度、操作规程和生产安全事故应急救援预案；

（二）组织或者参与本单位安全生产教育和培训，如实记录安全生产教育和培训情况；

（三）督促落实本单位重大危险源的安全管理措施；

（四）组织或者参与本单位应急救援演练；

（五）检查本单位的安全生产状况，及时排查生产安全事故隐患，提出改进安全生产管理的建议；

（六）制止和纠正违章指挥、强令冒险作业、违反操作规程的行为；

（七）督促落实本单位安全生产整改措施。

第二十三条

生产经营单位的安全生产管理机构以及安全生产管理人员应当恪尽职守，依法履行职责。

生产经营单位作出涉及安全生产的经营决策，应当听取安全生产管理机构以及安全生产管理人员的意见。

生产经营单位不得因安全生产管理人员依法履行职责而降低其工资、福利等待遇或者解除与其订立的劳动合同。

危险物品的生产、储存单位以及矿山、金属冶炼单位的安全生产管理人员的任免，应当告知主管的负有安全生产监督管理职责的部门。

生产经营单位的安全生产管理机构以及安全生产管理人员应当恪尽职守，依法履行职责。

生产经营单位作出涉及安全生产的经营决策，应当听取安全生产管理机构以及安全生产管理人员的意见。

生产经营单位不得因安全生产管理人员依法履行职责而降低其工资、福利等待遇或者解除与其订立的劳动合同。

危险物品的生产、储存单位以及矿山、金属冶炼单位的安全生产管理人员的任免，应当告知主管的负有安全生产监督管理职责的部门。

第二十四条

生产经营单位的主要负责人和安全生产管理人员必须具备与本单位所从事的生产经营活动相应的安全生产知识和管理能力

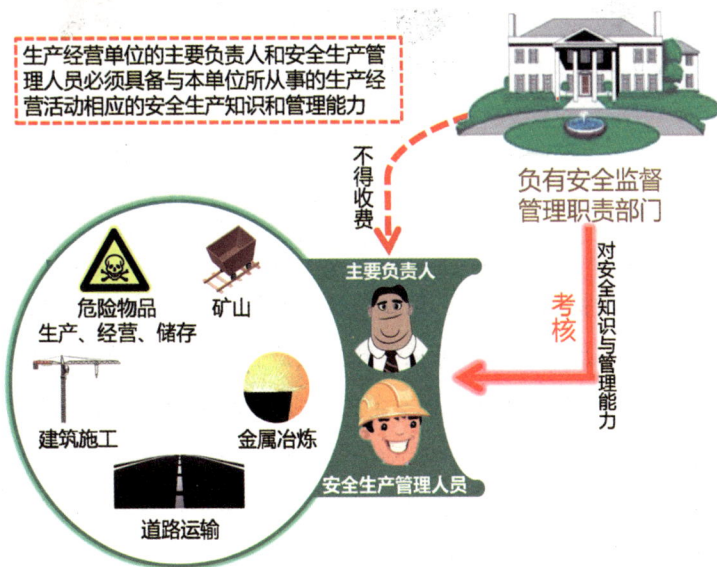

不得收费

负有安全监督管理职责部门

对安全知识与管理能力

考核

主要负责人

危险物品生产、经营、储存

矿山

建筑施工

金属冶炼

道路运输

安全生产管理人员

生产经营单位的主要负责人和安全生产管理人员必须具备与本单位所从事的生产经营活动相应的安全生产知识和管理能力。

危险物品的生产、经营、储存单位以及矿山、金属冶炼、建筑施工、道路运输单位的主要负责人和安全生产管理人员，应当由主管的负有安全生产监督管理职责的部门对其安全生产知识和管理能力考核合格。考核不得收费。

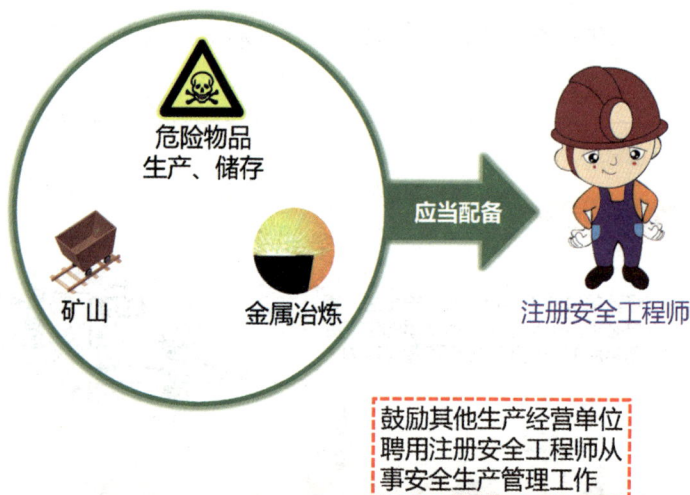

危险物品
生产、储存

矿山

金属冶炼

应当配备

注册安全工程师

鼓励其他生产经营单位聘用注册安全工程师从事安全生产管理工作

危险物品的生产、储存单位以及矿山、金属冶炼单位应当有注册安全工程师从事安全生产管理工作。鼓励其他生产经营单位聘用注册安全工程师从事安全生产管理工作。注册安全工程师按专业分类管理，具体办法由国务院人力资源和社会保障部门、国务院安全生产监督管理部门会同国务院有关部门制定。

第二十五条

安全生产教育培训

生产经营单位 → 从业人员

未经教育培训合格不得上岗作业

- 具备必要的安全生产知识
- 熟悉有关的安全生产规章制度和安全操作规程
- 掌握本岗位的安全操作技能
- 了解事故应急处理措施
- 知悉自身在安全生产方面的权利和义务

生产经营单位应当对从业人员进行安全生产教育和培训，保证从业人员具备必要的安全生产知识，熟悉有关的安全生产规章制度和安全操作规程，掌握本岗位的安全操作技能，了解事故应急处理措施，知悉自身在安全生产方面的权利和义务。未经安全生产教育和培训合格的从业人员，不得上岗作业。

被派遣劳动者

岗位安全操作规程和安全
操作技能的教育和培训

纳入统一管理

必要的安全生产教育和培训

生产经营单位

劳务派遣单位

生产经营单位使用被派遣劳动者的，应当将被派遣劳动者纳入本单位从业人员统一管理，对被派遣劳动者进行岗位安全操作规程和安全操作技能的教育和培训。劳务派遣单位应当对被派遣劳动者进行必要的安全生产教育和培训。

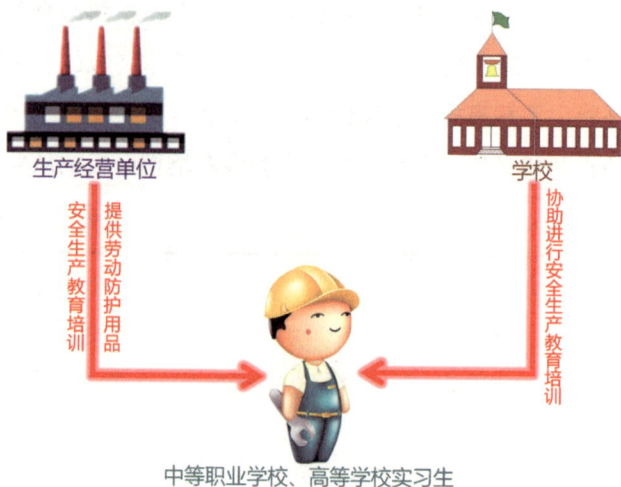

生产经营单位

学校

安全生产教育培训
提供劳动防护用品

协助进行安全生产教育培训

中等职业学校、高等学校实习生

　　生产经营单位接收中等职业学校、高等学校学生实习的，应当对实习学生进行相应的安全生产教育和培训，提供必要的劳动防护用品。学校应当协助生产经营单位对实习学生进行安全生产教育和培训。

　　生产经营单位应当建立安全生产教育和培训档案，如实记录安全生产教育和培训的时间、内容、参加人员以及考核结果等情况。

第二十六条

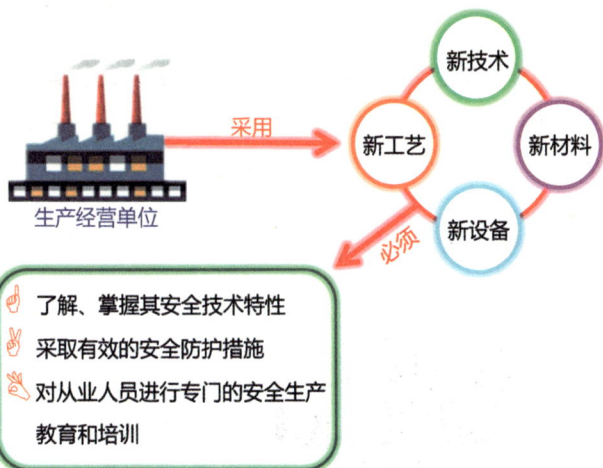

采用

生产经营单位

新技术

新工艺

新材料

新设备

必须

了解、掌握其安全技术特性

采取有效的安全防护措施

对从业人员进行专门的安全生产教育和培训

　　生产经营单位采用新工艺、新技术、新材料或者使用新设备，必须了解、掌握其安全技术特性，采取有效的安全防护措施，并对从业人员进行专门的安全生产教育和培训。

第二十七条

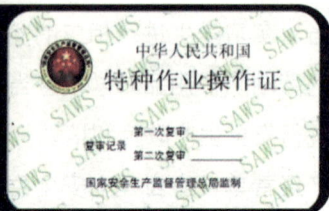

生产经营单位的特种作业人员必须按照国家有关规定经专门的安全作业培训，取得相应资格，方可上岗作业

特种作业人员的范围由国务院安全生产监督管理部门会同国务院有关部门确定

　　生产经营单位的特种作业人员必须按照国家有关规定经专门的安全作业培训，取得相应资格，方可上岗作业。

　　特种作业人员的范围由国务院安全生产监督管理部门会同国务院有关部门确定。

第二十八条

主体工程

同时设计、同时施工、同时投入生产和使用

安全设施

生产经营单位新建、改建、扩建工程项目（以下统称建设项目）的安全设施，必须与主体工程同时设计、同时施工、同时投入生产和使用。安全设施投资应当纳入建设项目概算。

第二十九条

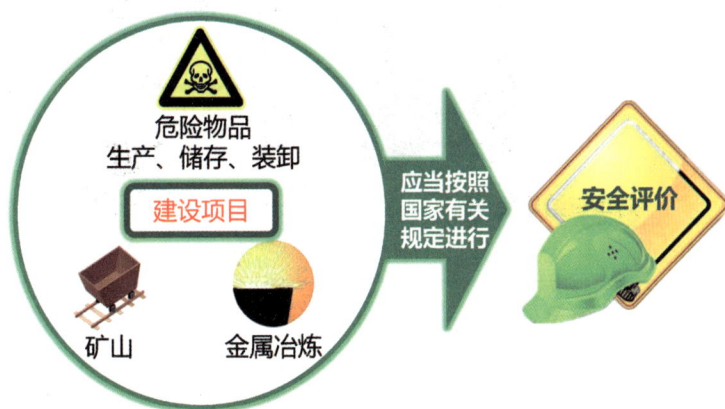

矿山、金属冶炼建设项目和用于生产、储存、装卸危险物品的建设项目，应当按照国家有关规定进行安全评价。

第三十条

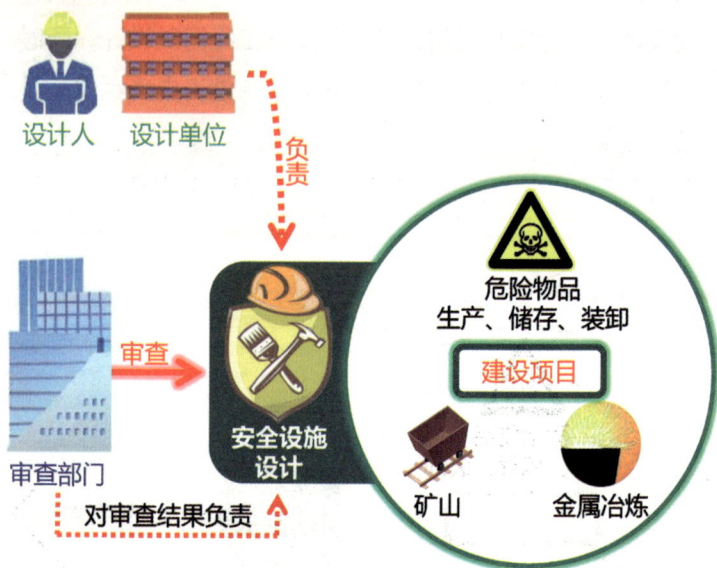

设计人　设计单位

负责

审查

审查部门

对审查结果负责

安全设施
设计

危险物品
生产、储存、装卸

建设项目

矿山　　金属冶炼

　　建设项目安全设施的设计人、设计单位应当对安全设施设计负责。

　　矿山、金属冶炼建设项目和用于生产、储存、装卸危险物品的建设项目的安全设施设计应当按照国家有关规定报经有关部门审查，审查部门及其负责审查的人员对审查结果负责。

第三十一条

对工程质量负责

危险物品
生产、储存、装卸

建设项目

安全设施

矿山　　金属冶炼

按照批准的安全设施设计

施工

> 矿山、金属冶炼建设项目和用于生产、储存、装卸危险物品的建设项目的施工单位必须按照批准的安全设施设计施工，并对安全设施的工程质量负责。

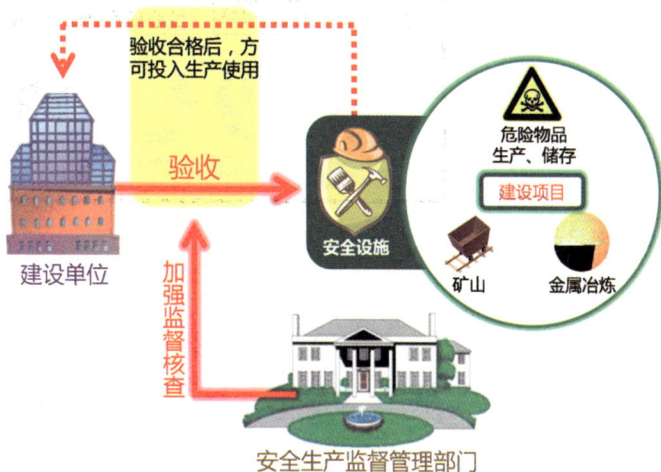

验收合格后，方可投入生产使用

验收

危险物品
生产、储存

建设项目

安全设施

矿山　　金属冶炼

建设单位

加强监督核查

安全生产监督管理部门

矿山、金属冶炼建设项目和用于生产、储存危险物品的建设项目竣工投入生产或者使用前，应当由建设单位负责组织对安全设施进行验收；验收合格后，方可投入生产和使用。安全生产监督管理部门应当加强对建设单位验收活动和验收结果的监督核查。

第三十二条

生产经营单位

应当在有较大危险因素的生产经营场所和有关设施、设备上

设置明显的安全警示标志

当心机械伤人

当心有害气体中毒

当心触电

禁止明火作业

必须戴安全帽

必须戴防尘口罩

注意通风

禁止堆放

生产经营单位应当在有较大危险因素的生产经营场所和有关设施、设备上，设置明显的安全警示标志。

第三十三条

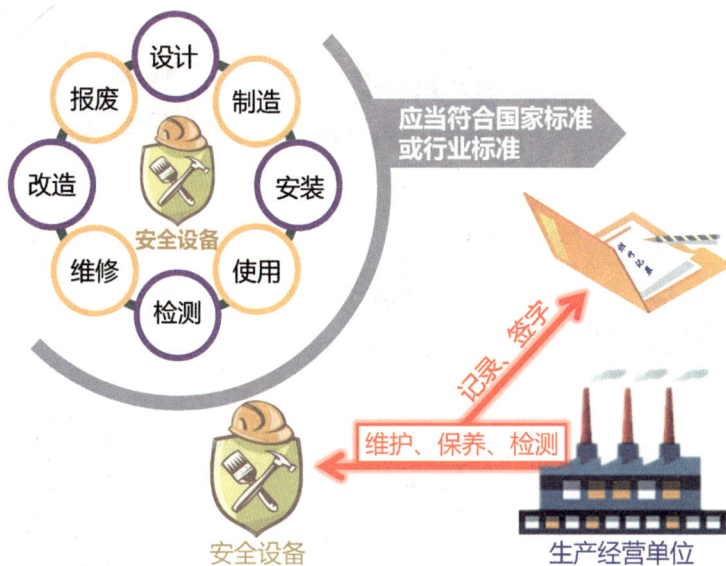

应当符合国家标准或行业标准

记录、签字

维护、保养、检测

安全设备

生产经营单位

安全设备的设计、制造、安装、使用、检测、维修、改造和报废，应当符合国家标准或者行业标准。

生产经营单位必须对安全设备进行经常性维护、保养，并定期检测，保证正常运转。维护、保养、检测应当作好记录，并由有关人员签字。

第三十四条

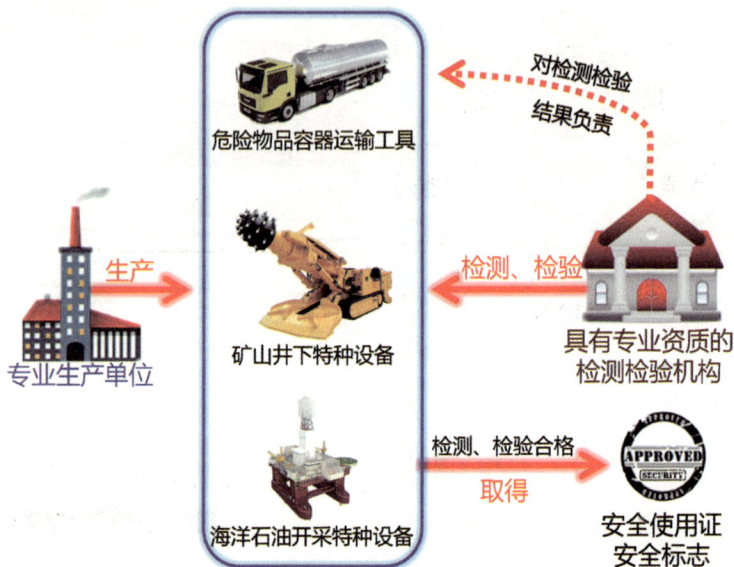

危险物品容器运输工具

对检测检验结果负责

矿山井下特种设备

检测、检验

具有专业资质的检测检验机构

海洋石油开采特种设备

检测、检验合格取得

APPROVED

安全使用证安全标志

专业生产单位

生产

生产经营单位使用的危险物品的容器、运输工具，以及涉及人身安全、危险性较大的海洋石油开采特种设备和矿山井下特种设备，必须按照国家有关规定，由专业生产单位生产，并经具有专业资质的检测、检验机构检测、检验合格，取得安全使用证或者安全标志，方可投入使用。检测、检验机构对检测、检验结果负责。

第三十五条

国家对严重危及生产安全的工艺、设备实行淘汰制度

国务院安全生产监督管理部门

会同

国务院有关部门

制定、公布

淘汰具体目录

省、自治区、直辖市人民政府

根据本地区实际情况

制定、公布

国家规定之外的淘汰目录

　　国家对严重危及生产安全的工艺、设备实行淘汰制度，具体目录由国务院安全生产监督管理部门会同国务院有关部门制定并公布。法律、行政法规对目录的制定另有规定的，适用其规定。

　　省、自治区、直辖市人民政府可以根据本地区实际情况制定并公布具体目录，对前款规定以外的危及生产安全的工艺、设备予以淘汰。

　　生产经营单位不得使用应当淘汰的危及生产安全的工艺、设备。

第三十六条

依照有关法律法规的规定、国家与行业标准
审批、监督管理

有关主管部门

- 执行有关法律、法规和国家标准或者行业标准
- 建立专门的安全管理制度
- 采取可靠的安全措施
- 接受有关主管部门依法实施的监督管理

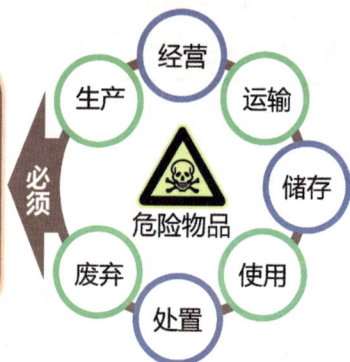

必须

经营
生产　运输
储存
危险物品
废弃　使用
处置

　　生产、经营、运输、储存、使用危险物品或者处置废弃危险物品的，由有关主管部门依照有关法律、法规的规定和国家标准或者行业标准审批并实施监督管理。

　　生产经营单位生产、经营、运输、储存、使用危险物品或者处置废弃危险物品，必须执行有关法律、法规和国家标准或者行业标准，建立专门的安全管理制度，采取可靠的安全措施，接受有关主管部门依法实施的监督管理。

第三十七条

●生产经营单位对重大危险源应当●

✂ 登记建档

✂ 进行定期检测、评估、监控

✂ 制定应急预案

✂ 告知从业人员和相关人员在紧急情况下应当采取的应急措施

生产经营单位应当按照国家有关规定将本单位重大危险源及有关安全措施、应急措施报有关地方人民政府安全生产监督管理部门和有关部门备案

重大危险源安全警示牌

重大危险源储存区域

禁止带火种　禁止烟火　禁止穿化纤服装　禁止打手机　禁止穿钉鞋

注意安全

当心火灾　当心爆炸　当心中毒　当心腐蚀

　　生产经营单位对重大危险源应当登记建档，进行定期检测、评估、监控，并制定应急预案，告知从业人员和相关人员在紧急情况下应当采取的应急措施。

　　生产经营单位应当按照国家有关规定将本单位重大危险源及有关安全措施、应急措施报有关地方人民政府安全生产监督管理部门和有关部门备案。

第三十八条

生产经营单位应当建立健全
生产安全事故隐患排查治理制度

安全检查

| 采取技术管理措施 | 及时发现消除事故隐患 | 如实记录排查治理情况 | 通报从业人员 |

负有安全生产监督管理职责部门

应当：
☑ 建立健全重大事故隐患治理督办制度
☑ 督促生产经营单位消除重大事故隐患

　　生产经营单位应当建立健全生产安全事故隐患排查治理制度，采取技术、管理措施，及时发现并消除事故隐患。事故隐患排查治理情况应当如实记录，并向从业人员通报。

　　县级以上地方各级人民政府负有安全生产监督管理职责的部门应当建立健全重大事故隐患治理督办制度，督促生产经营单位消除重大事故隐患。

第三十九条

生产、经营、储存、使用危险物品的

车间

商店

仓库

保持安全距离

不得在同一座建筑物内

员工宿舍

安全出口 EXIT

🚨 生产经营场所和员工宿舍应当设有符合紧急疏散要求、标志明显、保持畅通的出口

🚨 禁止锁闭、封堵生产经营场所或者员工宿舍的出口

　　生产、经营、储存、使用危险物品的车间、商店、仓库不得与员工宿舍在同一座建筑物内，并应当与员工宿舍保持安全距离。

　　生产经营场所和员工宿舍应当设有符合紧急疏散要求、标志明显、保持畅通的出口。禁止锁闭、封堵生产经营场所或者员工宿舍的出口。

第四十条

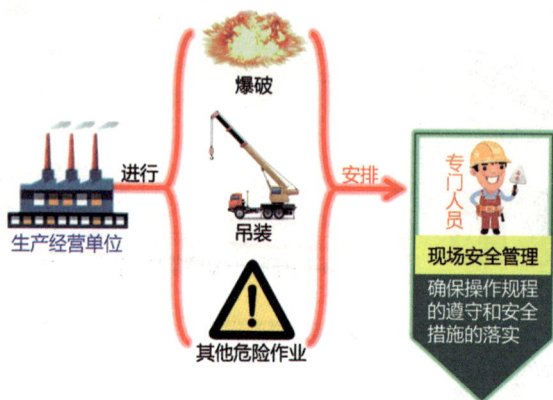

爆破

进行

吊装

其他危险作业

生产经营单位

安排

专门人员

现场安全管理

确保操作规程的遵守和安全措施的落实

生产经营单位进行爆破、吊装以及国务院安全生产监督管理部门会同国务院有关部门规定的其他危险作业，应当安排专门人员进行现场安全管理，确保操作规程的遵守和安全措施的落实。

第四十一条

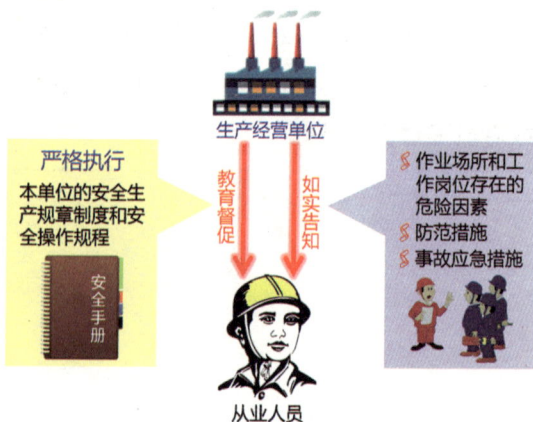

生产经营单位

严格执行

本单位的安全生产规章制度和安全操作规程

安全手册

教育督促

如实告知

作业场所和工作岗位存在的危险因素

防范措施

事故应急措施

从业人员

生产经营单位应当教育和督促从业人员严格执行本单位的安全生产规章制度和安全操作规程；并向从业人员如实告知作业场所和工作岗位存在的危险因素、防范措施以及事故应急措施。

第四十二条

生产经营单位必须为从业人员提供符合国家标准或者行业标准的劳动防护用品，并监督、教育从业人员按照使用规则佩戴、使用

生产经营单位必须为从业人员提供符合国家标准或者行业标准的劳动防护用品，并监督、教育从业人员按照使用规则佩戴、使用。

第四十三条

经常性检查

发现安全问题

安全生产管理人员

安全生产状况

依法及时处理

立即处理

立即处理

负有安全生产监督管理职责部门

不能处理的

及时报告

报告

本单位负责人

有重大事故隐患而不及时处理的

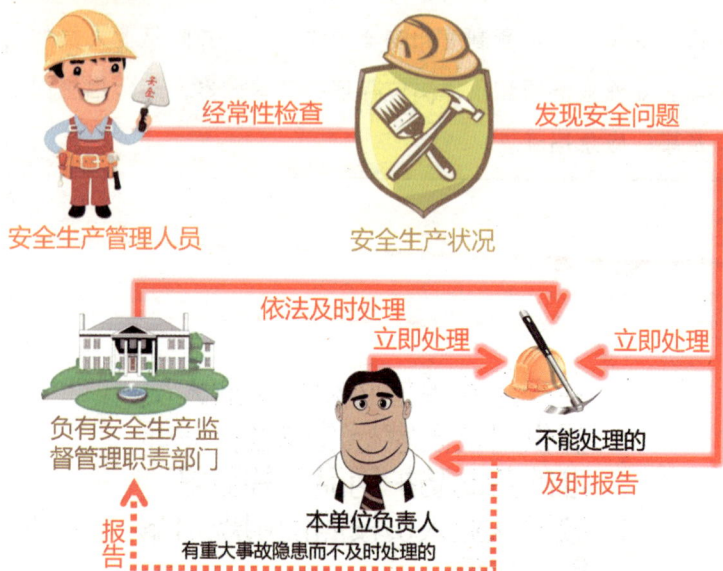

　　生产经营单位的安全生产管理人员应当根据本单位的生产经营特点，对安全生产状况进行经常性检查；对检查中发现的安全问题，应当立即处理；不能处理的，应当及时报告本单位有关负责人，有关负责人应当及时处理。检查及处理情况应当如实记录在案。

　　生产经营单位的安全生产管理人员在检查中发现重大事故隐患，依照前款规定向本单位有关负责人报告，有关负责人不及时处理的，安全生产管理人员可以向主管的负有安全生产监督管理职责的部门报告，接到报告的部门应当依法及时处理。

第四十四条

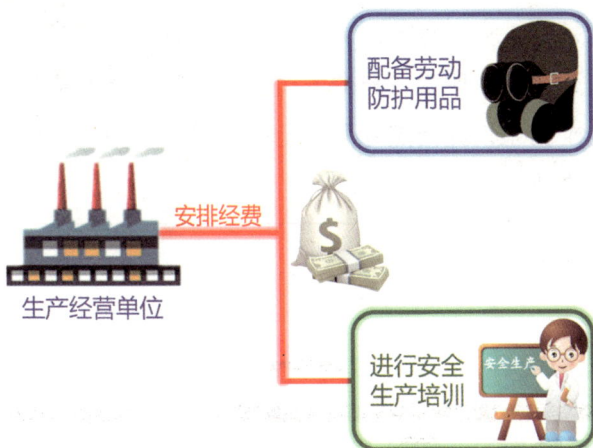

安排经费

配备劳动防护用品

进行安全生产培训

生产经营单位

生产经营单位应当安排用于配备劳动防护用品、进行安全生产培训的经费。

第四十五条

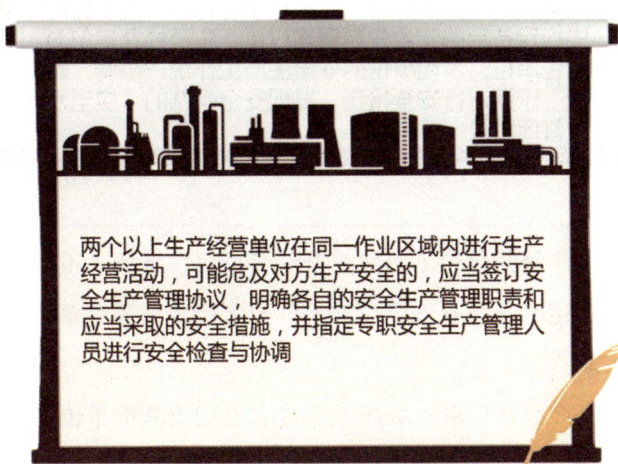

两个以上生产经营单位在同一作业区域内进行生产经营活动，可能危及对方生产安全的，应当签订安全生产管理协议，明确各自的安全生产管理职责和应当采取的安全措施，并指定专职安全生产管理人员进行安全检查与协调

　　两个以上生产经营单位在同一作业区域内进行生产经营活动，可能危及对方生产安全的，应当签订安全生产管理协议，明确各自的安全生产管理职责和应当采取的安全措施，并指定专职安全生产管理人员进行安全检查与协调。

第四十六条

生产经营单位不得将生产经营项目、场所、设备发包或者出租给不具备安全生产条件或者相应资质的单位或者个人
生产经营项目、场所发包或者出租给其他单位的，生产经营单位应当与承包单位、承租单位签订专门的安全生产管理协议，或者在承包合同、租赁合同中约定各自的安全生产管理职责；生产经营单位对承包单位、承租单位的安全生产工作统一协调、管理，定期进行安全检查，发现安全问题的，应当及时督促整改

　　生产经营单位不得将生产经营项目、场所、设备发包或者出租给不具备安全生产条件或者相应资质的单位或者个人。

　　生产经营项目、场所发包或者出租给其他单位的，生产经营单位应当与承包单位、承租单位签订专门的安全生产管理协议，或者在承包合同、租赁合同中约定各自的安全生产管理职责；生产经营单位对承包单位、承租单位的安全生产工作统一协调、管理，定期进行安全检查，发现安全问题的，应当及时督促整改。

第四十七条

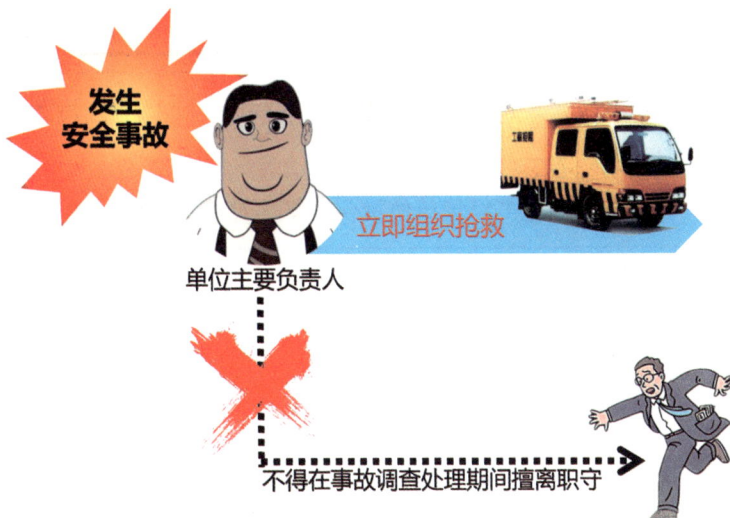

发生安全事故

立即组织抢救

单位主要负责人

不得在事故调查处理期间擅离职守

　　生产经营单位发生生产安全事故时，单位的主要负责人应当立即组织抢救，并不得在事故调查处理期间擅离职守。

第四十八条

工伤保险

$ 生产经营单位必须依法参加工伤保险，为从业人员缴纳保险费

$ 国家鼓励生产经营单位投保安全生产责任保险

> 生产经营单位必须依法参加工伤保险，为从业人员缴纳保险费。
>
> 国家鼓励生产经营单位投保安全生产责任保险。

第三章

从业人员的安全生产权利义务

第四十九条

劳动合同

载明

- 保障从业人员劳动安全的事项
- 防止职业危害的事项
- 依法为从业人员办理工伤保险的事项

生产经营单位　　　　　从业人员

生死合同

- 试图免除或者减轻其对从业人员因生产安全事故伤亡依法应承担的责任

安全隐患

生死状

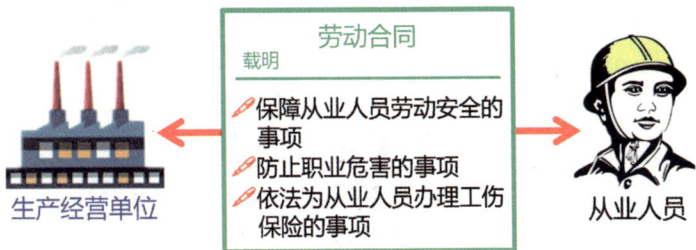

　　生产经营单位与从业人员订立的劳动合同，应当载明有关保障从业人员劳动安全、防止职业危害的事项，以及依法为从业人员办理工伤保险的事项。

　　生产经营单位不得以任何形式与从业人员订立协议，免除或者减轻其对从业人员因生产安全事故伤亡依法应承担的责任。

| 第五十条 | 第五十一条 | 第五十二条 | 第五十三条 |

因安全事故受到损害的，除享有工伤保险外，有权向本单位提出赔偿要求

索赔权 ⑥

知情权 ①
了解其作业场所和工作岗位存在的危险因素、防范措施及事故应急措施

停止作业权 ⑤
发现直接危及人身安全的紧急情况时，有权停止作业或者在采取可能的应急措施后撤离作业场所

从业人员权利

② **建议权**
对本单位的安全生产工作提出建议

④ ③

拒绝违章权
有权拒绝违章指挥和强令冒险作业

批评控告权
了解其作业场所和工作岗位存在的危险因素、防范措施及事故应急措施

　　生产经营单位的从业人员有权了解其作业场所和工作岗位存在的危险因素、防范措施及事故应急措施，有权对本单位的安全生产工作提出建议。

　　从业人员有权对本单位安全生产工作中存在的问题提出批评、检举、控告；有权拒绝违章指挥和强令冒险作业。

　　生产经营单位不得因从业人员对本单位安全生产工作提出批评、检举、控告或者拒绝违章指挥、强令冒险作业而降低其工资、福利等待遇或者解除与其订立的劳动合同。

　　从业人员发现直接危及人身安全的紧急情况时，有权停止作业或者在采取可能的应急措施后撤离作业场所。

　　生产经营单位不得因从业人员在前款紧急情况下停止

作业或者采取紧急撤离措施而降低其工资、福利等待遇或者解除与其订立的劳动合同。

因生产安全事故受到损害的从业人员，除依法享有工伤保险外，依照有关民事法律尚有获得赔偿的权利的，有权向本单位提出赔偿要求。

第五十四条　第五十五条　第五十六条

应当严格遵守本单位的安全生产规章制度和操作规程，服从管理，正确佩戴和使用劳动防护用品

应当接受安全生产教育和培训，掌握本职工作所需的安全生产知识，提高安全生产技能，增强事故预防和应急处理能力

从业人员义务

发现事故隐患或者其他不安全因素，应当立即向现场安全生产管理人员或者本单位负责人报告；接到报告的人员应当及时予以处理

从业人员在作业过程中，应当严格遵守本单位的安全生产规章制度和操作规程，服从管理，正确佩戴和使用劳动防护用品。

从业人员应当接受安全生产教育和培训，掌握本职工作所需的安全生产知识，提高安全生产技能，增强事故预防和应急处理能力。

从业人员发现事故隐患或者其他不安全因素，应当立即向现场安全生产管理人员或者本单位负责人报告；接到报告的人员应当及时予以处理。

第五十七条

公

会

有权对建设项目安全设施"三同时"进行监督

有权要求生产经营单位纠正违反安全生产法律、法规的行为

有权对生产经营单位违章指挥等提出解决建议

有权向生产经营单位建议组织从业人员撤离危险场所

有权参加事故调查，提出处理意见，要求追究有关人员责任

工会有权对建设项目的安全设施与主体工程同时设计、同时施工、同时投入生产和使用进行监督，提出意见。

工会对生产经营单位违反安全生产法律、法规，侵犯从业人员合法权益的行为，有权要求纠正；发现生产经营单位违章指挥、强令冒险作业或者发现事故隐患时，有权提出解决的建议，生产经营单位应当及时研究答复；发现危及从业人员生命安全的情况时，有权向生产经营单位建议组织从业人员撤离危险场所，生产经营单位必须立即作出处理。

工会有权依法参加事故调查，向有关部门提出处理意见，并要求追究有关人员的责任。

第五十八条

权利

派遣人员　从业人员

义务

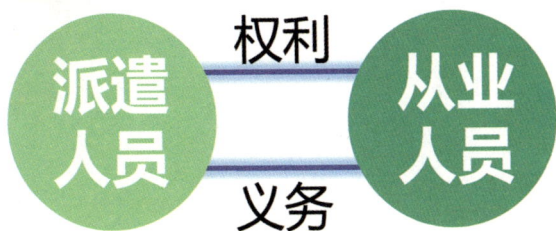

　　生产经营单位使用被派遣劳动者的，被派遣劳动者享有本法规定的从业人员的权利，并应当履行本法规定的从业人员的义务。

第四章

安全生产的监督管理

第五十九条

应当严格检查

县级以上
地方各级
人民政府

☑ 组织有关部门按照职责分工
☑ 根据本区域的安全生产状况

容易发生重大生产安全责任事故的生产经营单位

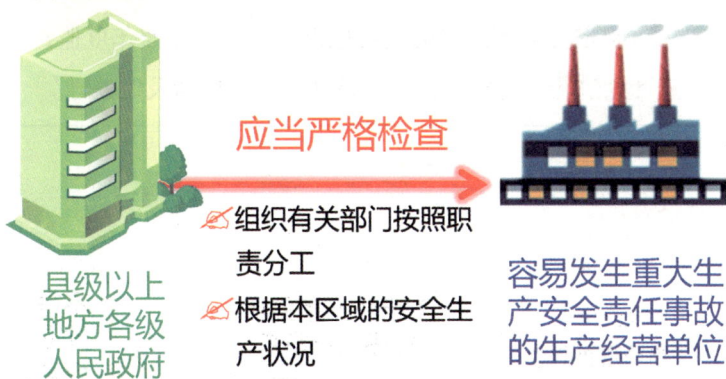

县级以上地方各级人民政府应当根据本行政区域内的安全生产状况，组织有关部门按照职责分工，对本行政区域内容易发生重大生产安全事故的生产经营单位进行严格检查。

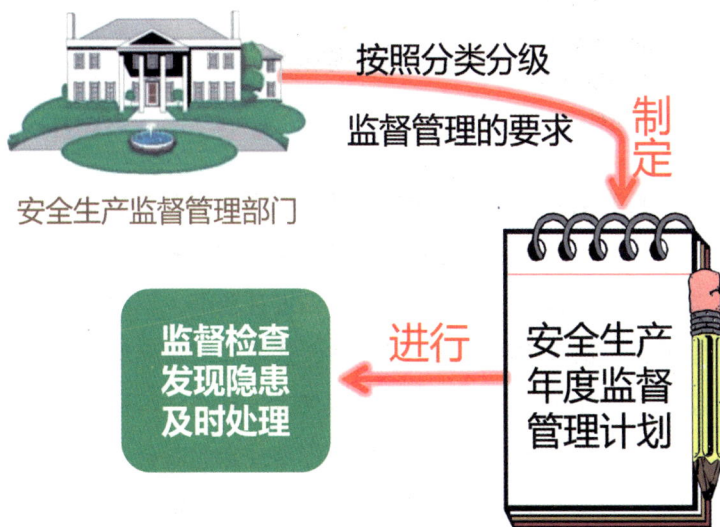

安全生产监督管理部门

按照分类分级
监督管理的要求

制定

安全生产年度监督管理计划

进行

监督检查发现隐患及时处理

安全生产监督管理部门应当按照分类分级监督管理的要求，制定安全生产年度监督检查计划，并按照年度监督检查计划进行监督检查，发现事故隐患，应当及时处理。

第六十条

负有安全生产监督管理职责部门

涉及安全生产事项需要审查批准或者验收	→ 安全生产条件和程序进行审查 依照有关法律、法规的规定 国家标准或者行业标准规定	**不符合** → 不得批准或者验收
对未依法取得批准或者验收合格擅自从事活动	→ 予以取缔 依法处理	
已取得批准的，发现不具备安全生产条件的	→ 撤销原批准	

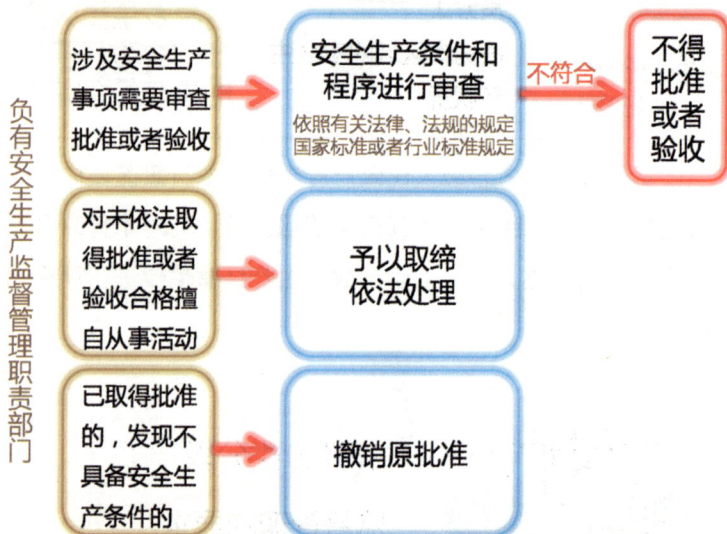

负有安全生产监督管理职责的部门依照有关法律、法规的规定，对涉及安全生产的事项需要审查批准（包括批准、核准、许可、注册、认证、颁发证照等，下同）或者验收的，必须严格依照有关法律、法规和国家标准或者行业标准规定的安全生产条件和程序进行审查；不符合有关法律、法规和国家标准或者行业标准规定的安全生产条件的，不得批准或者验收通过。对未依法取得批准或者验收

合格的单位擅自从事有关活动的，负责行政审批的部门发现或者接到举报后应当立即予以取缔，并依法予以处理。对已经依法取得批准的单位，负责行政审批的部门发现其不再具备安全生产条件的，应当撤销原批准。

第六十一条

审查、验收

不得收取任何费用，不得要求接受审查、验收的单位购买指定设备、器材与产品

负有安全监督管理职责部门

涉及安全生产的事项

　　负有安全生产监督管理职责的部门对涉及安全生产的事项进行审查、验收，不得收取费用；不得要求接受审查、验收的单位购买其指定品牌或者指定生产、销售单位的安全设备、器材或者其他产品。

第六十二条

安全生产监督管理部门和其他负有安全监督管理职责的部门

监督检查时可行使的职权

调查了解

纠正处罚

排除隐患

查封扣押

监督检查不得影响被检查单位的正常生产经营活动

　　安全生产监督管理部门和其他负有安全生产监督管理职责的部门依法开展安全生产行政执法工作，对生产经营单位执行有关安全生产的法律、法规和国家标准或者行业标准的情况进行监督检查，行使以下职权：

　　（一）进入生产经营单位进行检查，调阅有关资料，向有关单位和人员了解情况；

　　（二）对检查中发现的安全生产违法行为，当场予以纠正或者要求限期改正；对依法应当给予行政处罚的行为，依照本法和其他有关法律、行政法规的规定作出行政处罚决定；

　　（三）对检查中发现的事故隐患，应当责令立即排除；重大事故隐患排除前或者排除过程中无法保证安全的，应当责令从危险区域内撤出作业人员，责令暂时停产停业或者停止使用相关设施、设备；重大事故隐患排除后，经审查同意，方可恢复生产经营和使用；

（四）对有根据认为不符合保障安全生产的国家标准或者行业标准的设施、设备、器材以及违法生产、储存、使用、经营、运输的危险物品予以查封或者扣押，对违法生产、储存、使用、经营危险物品的作业场所予以查封，并依法作出处理决定。

监督检查不得影响被检查单位的正常生产经营活动。

第六十三条

予以配合

不得拒绝、阻挠

生产经营单位　　　　　　　安全监督检查

生产经营单位对负有安全生产监督管理职责的部门的监督检查人员（以下统称安全生产监督检查人员）依法履行监督检查职责，应当予以配合，不得拒绝、阻挠。

第六十四条

安全生产监督检察人员

应当忠于职守、坚持原则、秉公执法

执行检查监督任务时，必须出示有效的监督执法证件

对涉及被检查单位的技术秘密和业务秘密，应当为其保密

安全生产监督检查人员应当忠于职守，坚持原则，秉公执法。

安全生产监督检查人员执行监督检查任务时，必须出示有效的监督执法证件；对涉及被检查单位的技术秘密和业务秘密，应当为其保密。

第六十五条

作书面记录

✐ 检查人员与被检查单位的负责人签字

拒绝签字

👆 应当将情况记录在案

✌ 向负有安全监督管理职责的部门报告

安全生产监督检查人员应当将检查的时间、地点、内容、发现的问题及其处理情况，作出书面记录，并由检查人员和被检查单位的负责人签字；被检查单位的负责人拒绝签字的，检查人员应当将情况记录在案，并向负有安全生产监督管理职责的部门报告。

第六十六条

监督检查中

👆 应当相互配合，实行联合检查

✌ 确需分别检查的，应当互通情况

👌 发现存在的安全问题应由其他部门进行处理的，应及时移送其他部门

负有安全监督管理职责部门

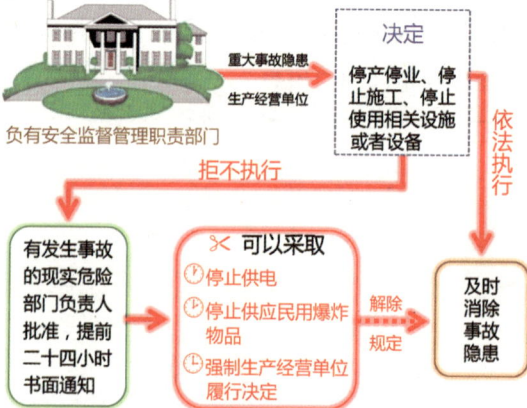

> 负有安全生产监督管理职责的部门在监督检查中，应当互相配合，实行联合检查；确需分别进行检查的，应当互通情况，发现存在的安全问题应当由其他有关部门进行处理的，应当及时移送其他有关部门并形成记录备查，接受移送的部门应当及时进行处理。

第六十七条

负有安全监督管理职责部门

重大事故隐患
生产经营单位

决定
停产停业、停止施工、停止使用相关设施或者设备

依法执行

拒不执行

有发生事故的现实危险部门负责人批准，提前二十四小时书面通知

✂ **可以采取**
⏻ 停止供电
⏻ 停止供应民用爆炸物品
⏱ 强制生产经营单位履行决定

解除
规定

及时消除事故隐患

负有安全生产监督管理职责的部门依法对存在重大事故隐患的生产经营单位作出停产停业、停止施工、停止使用相关设施或者设备的决定，生产经营单位应当依法执行，及时消除事故隐患。生产经营单位拒不执行，有发生生产安全事故的现实危险的，在保证安全的前提下，经本部门主要负责人批准，负有安全生产监督管理职责的部门可以采取通知有关单位停止供电、停止供应民用爆炸物品等措施，强制生产经营单位履行决定。通知应当采用书面形式，有关单位应当予以配合。

负有安全生产监督管理职责的部门依照前款规定采取停止供电措施，除有危及生产安全的紧急情形外，应当提前二十四小时通知生产经营单位。生产经营单位依法履行行政决定、采取相应措施消除事故隐患的，负有安全生产监督管理职责的部门应当及时解除前款规定的措施。

第六十八条

依照行政监察法
实施监察

监察机关

负有安全监督
管理职责部门
和工作人员

监察机关依照行政监察法的规定，对负有安全生产监督管理职责的部门及其工作人员履行安全生产监督管理职责实施监察。

第六十九条

承担安全评价、认证检测与检验的机构

应具备国家规定的资质条件

对其作出的安全评价、认证、检测、检验的结果负责

承担安全评价、认证、检测、检验的机构应当具备国家规定的资质条件，并对其作出的安全评价、认证、检测、检验的结果负责。

第七十条

◉ 负有安全生产监督管理职责的部门

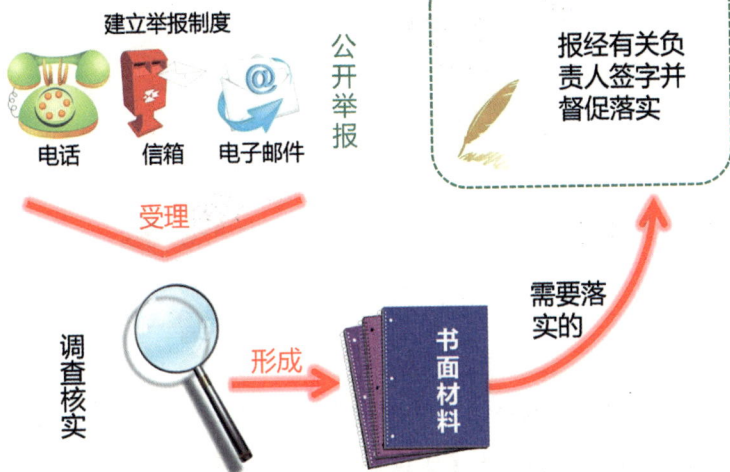

建立举报制度

电话　信箱　电子邮件

公开举报

报经有关负责人签字并督促落实

受理

调查核实

形成

书面材料

需要落实的

负有安全生产监督管理职责的部门应当建立举报制度，公开举报电话、信箱或者电子邮件地址，受理有关安全生产的举报；受理的举报事项经调查核实后，应当形成书面材料；需要落实整改措施的，报经有关负责人签字并督促落实。

第七十一条

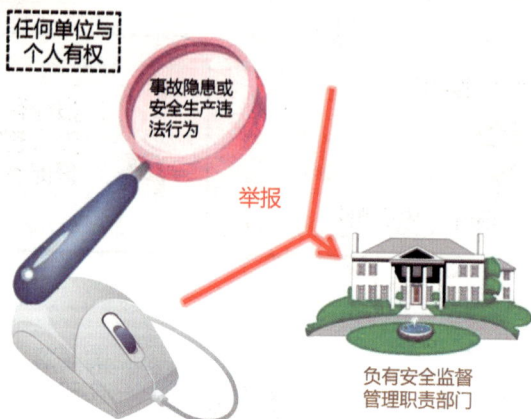

　　任何单位或者个人对事故隐患或者安全生产违法行为，均有权向负有安全生产监督管理职责的部门报告或者举报。

第七十二条

居民委员会、村民委员会发现其所在区域内的生产经营单位存在事故隐患或者安全生产违法行为时，应当向当地人民政府或者有关部门报告。

第七十三条

对报告重大事故隐患

举报安全生产违法行为

当地人民政府或
有关部门报告

有功人员

奖

给予奖励

具体奖励办法由国务院安
全生产监督管理部门会同
国务院财政部门制定

县级以上各级人民政府及其有关部门对报告重大事故隐患或者举报安全生产违法行为的有功人员，给予奖励。具体奖励办法由国务院安全生产监督管理部门会同国务院财政部门制定。

第七十四条

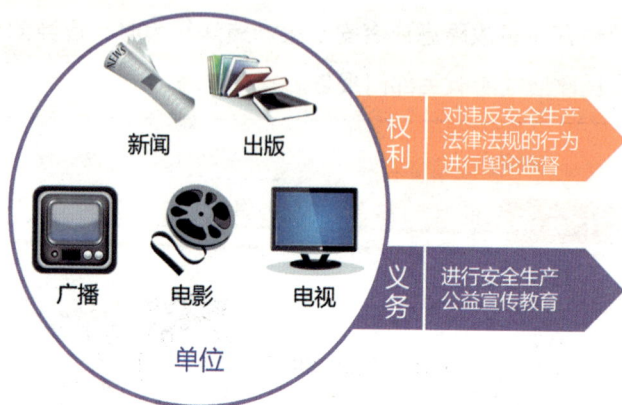

新闻　出版

广播　电影　电视

单位

权利　对违反安全生产法律法规的行为进行舆论监督

义务　进行安全生产公益宣传教育

新闻、出版、广播、电影、电视等单位有进行安全生产公益宣传教育的义务，有对违反安全生产法律、法规的行为进行舆论监督的权利。

第七十五条

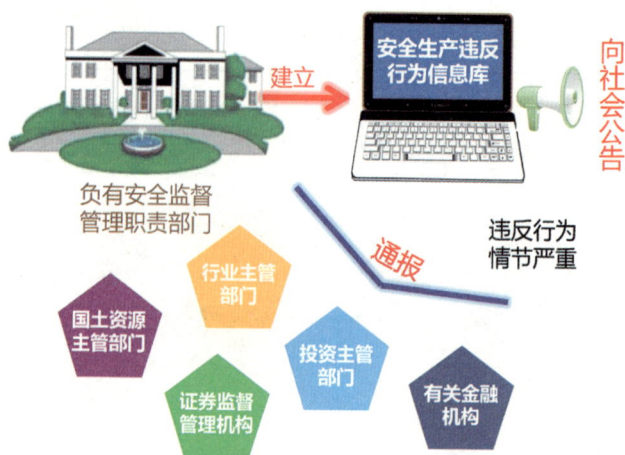

建立　安全生产违反行为信息库　向社会公告

负有安全监督管理职责部门

行业主管部门

国土资源主管部门

证券监督管理机构

投资主管部门

有关金融机构

通报　违反行为情节严重

　　负有安全生产监督管理职责的部门应当建立安全生产违法行为信息库，如实记录生产经营单位的安全生产违法行为信息；对违法行为情节严重的生产经营单位，应当向社会公告，并通报行业主管部门、投资主管部门、国土资源主管部门、证券监督管理机构以及有关金融机构。

第五章

生产安全事故的应急救援与调查处理

第七十六条

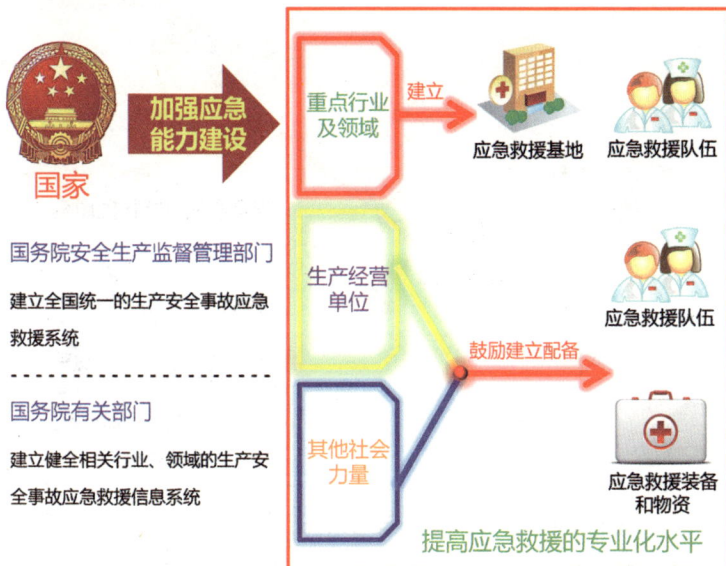

国家

加强应急能力建设

重点行业及领域

建立

应急救援基地　应急救援队伍

生产经营单位

应急救援队伍

其他社会力量

鼓励建立配备

应急救援装备和物资

提高应急救援的专业化水平

国务院安全生产监督管理部门

建立全国统一的生产安全事故应急救援系统

- -

国务院有关部门

建立健全相关行业、领域的生产安全事故应急救援信息系统

　　国家加强生产安全事故应急能力建设，在重点行业、领域建立应急救援基地和应急救援队伍，鼓励生产经营单位和其他社会力量建立应急救援队伍，配备相应的应急救援装备和物资，提高应急救援的专业化水平。

　　国务院安全生产监督管理部门建立全国统一的生产安全事故应急救援信息系统，国务院有关部门建立健全相关行业、领域的生产安全事故应急救援信息系统。

第七十七条

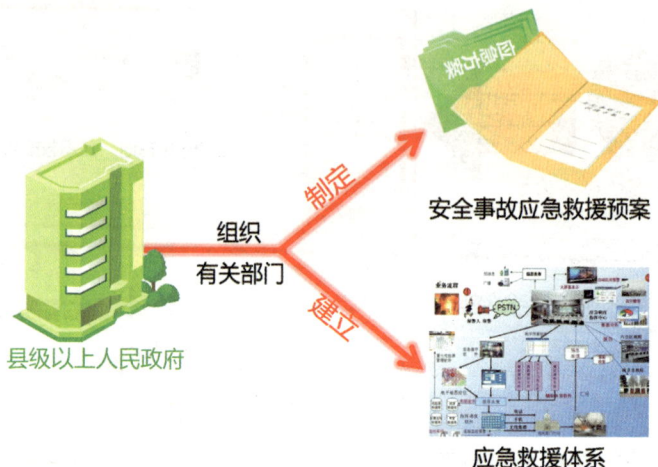

组织
有关部门

制定 → 安全事故应急救援预案

建立 → 应急救援体系

县级以上人民政府

> 县级以上地方各级人民政府应当组织有关部门制定本行政区域内生产安全事故应急救援预案,建立应急救援体系。

第七十八条

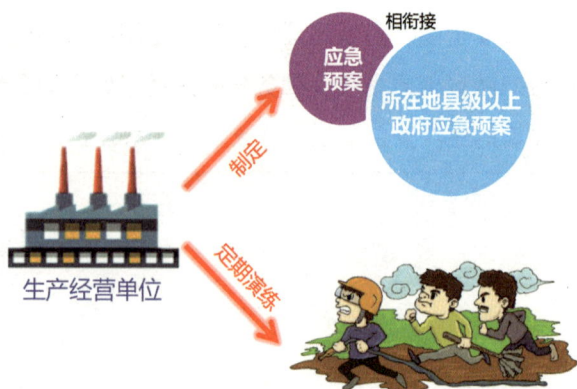

相衔接

应急预案 —— 所在地县级以上政府应急预案

制定

定期演练

生产经营单位

生产经营单位应当制定本单位生产安全事故应急救援预案，与所在地县级以上地方人民政府组织制定的生产安全事故应急救援预案相衔接，并定期组织演练。

第七十九条

危险物品生产、经营、储存　矿山

建筑施工　金属冶炼

城市轨道交通

应当建立

应急救援组织

生产规模较小的生产经营单位应当指定兼职应急救援人员

危险物品的生产、经营、储存单位以及矿山、金属冶炼、城市轨道交通运营、建筑施工单位应当建立应急救援组织；生产经营规模较小的，可以不建立应急救援组织，但应当指定兼职的应急救援人员。

危险物品生产、经营、储存、运输

矿山

建筑施工

金属冶炼

城市轨道交通

应当配备

应急救援器材设备和物资

应急救援器材、设备和物资需要经常性维护、保养，保证正常运转

　　危险物品的生产、经营、储存、运输单位以及矿山、金属冶炼、城市轨道交通运营、建筑施工单位应当配备必要的应急救援器材、设备和物资，并进行经常性维护、保养，保证正常运转。

第八十条

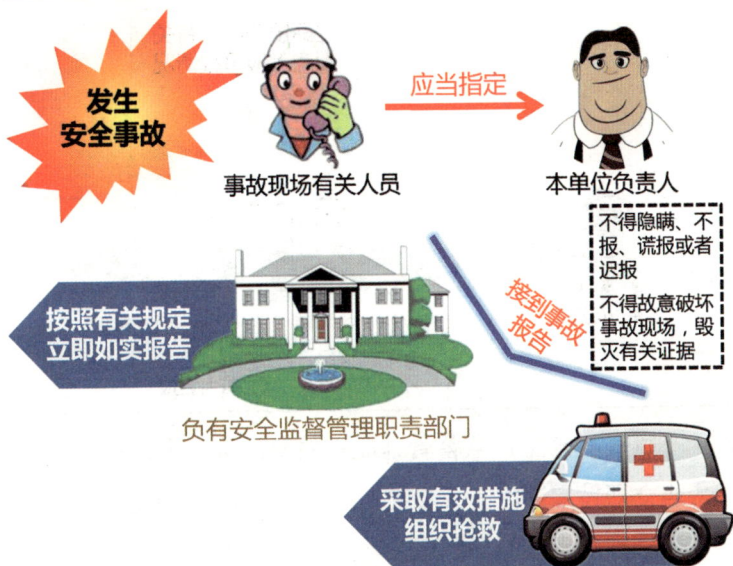

发生安全事故

事故现场有关人员

应当指定

本单位负责人

不得隐瞒、不报、谎报或者迟报

不得故意破坏事故现场，毁灭有关证据

按照有关规定立即如实报告

负有安全监督管理职责部门

接到事故报告

采取有效措施组织抢救

　　生产经营单位发生生产安全事故后，事故现场有关人员应当立即报告本单位负责人。

　　单位负责人接到事故报告后，应当迅速采取有效措施，组织抢救，防止事故扩大，减少人员伤亡和财产损失，并按照国家有关规定立即如实报告当地负有安全生产监督管理职责的部门，不得隐瞒不报、谎报或者迟报，不得故意破坏事故现场、毁灭有关证据。

第八十一条

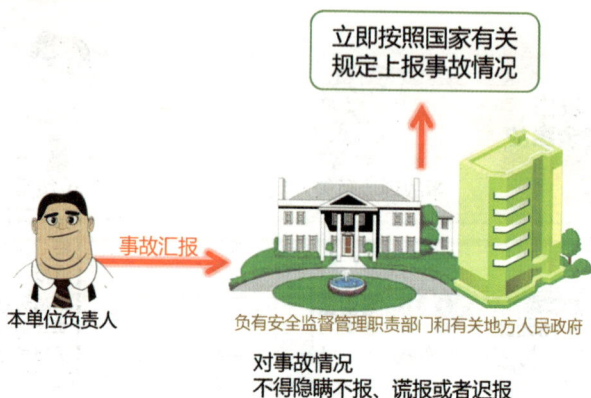

立即按照国家有关
规定上报事故情况

事故汇报

本单位负责人　　　负有安全监督管理职责部门和有关地方人民政府

对事故情况
不得隐瞒不报、谎报或者迟报

　　负有安全生产监督管理职责的部门接到事故报告后，应当立即按照国家有关规定上报事故情况。负有安全生产监督管理职责的部门和有关地方人民政府对事故情况不得隐瞒不报、谎报或者迟报。

第八十二条

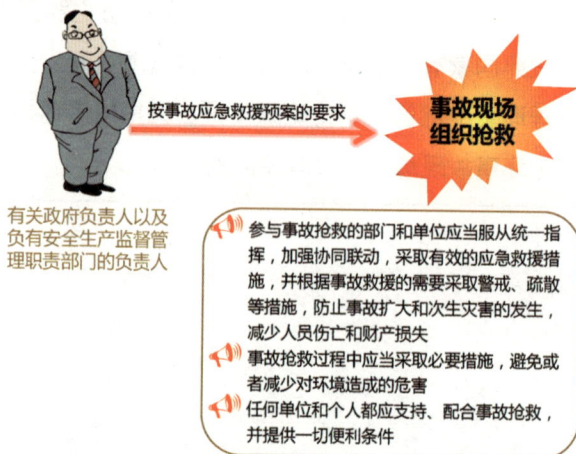

按事故应急救援预案的要求

事故现场
组织抢救

有关政府负责人以及
负有安全生产监督管
理职责部门的负责人

🔊 参与事故抢救的部门和单位应当服从统一指挥，加强协同联动，采取有效的应急救援措施，并根据事故救援的需要采取警戒、疏散等措施，防止事故扩大和次生灾害的发生，减少人员伤亡和财产损失
🔊 事故抢救过程中应当采取必要措施，避免或者减少对环境造成的危害
🔊 任何单位和个人都应支持、配合事故抢救，并提供一切便利条件

有关地方人民政府和负有安全生产监督管理职责的部门的负责人接到生产安全事故报告后，应当按照生产安全事故应急救援预案的要求立即赶到事故现场，组织事故抢救。

参与事故抢救的部门和单位应当服从统一指挥，加强协同联动，采取有效的应急救援措施，并根据事故救援的需要采取警戒、疏散等措施，防止事故扩大和次生灾害的发生，减少人员伤亡和财产损失。

事故抢救过程中应当采取必要措施，避免或者减少对环境造成的危害。

任何单位和个人都应当支持、配合事故抢救，并提供一切便利条件。

第八十三条

事故调查和处理的具体办法由国务院制定

事故调查处理应当按照科学严谨、依法依规、实事求是、注重实效的原则，及时、准确地查清事故原因，查明事故性质和责任，总结事故教训，提出整改措施，并对事故责任者提出处理意见。事故调查报告应当依法及时向社会公布。事故调查和处理的具体办法由国务院制定。

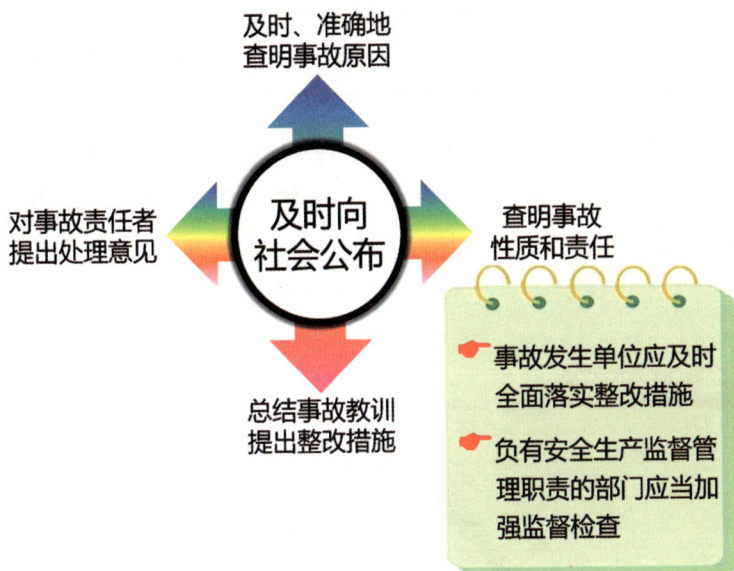

事故发生单位应当及时全面落实整改措施，负有安全生产监督管理职责的部门应当加强监督检查。

第八十四条

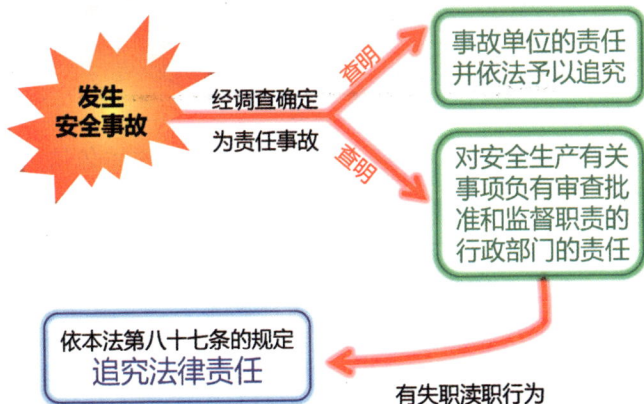

生产经营单位发生生产安全事故，经调查确定为责任事故的，除了应当查明事故单位的责任并依法予以追究外，还应当查明对安全生产的有关事项负有审查批准和监督职责的行政部门的责任，对有失职、渎职行为的，依照本法第八十七条的规定追究法律责任。

第八十五条

任何单位和个人不得阻挠和干涉对事故的依法调查处理

任何单位和个人不得阻挠和干涉对事故的依法调查处理。

第八十六条

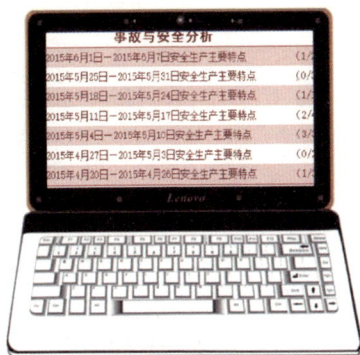

县级以上各级地方政府
安全生产监督管理部门

☑ **定期统计分析本行政区域内
发生生产安全事故的情况**

☑ **定期向社会公布**

县级以上地方各级人民政府安全生产监督管理部门应当定期统计分析本行政区域内发生生产安全事故的情况，并定期向社会公布。

第六章

法律责任

第八十七条

责任主体	负有安全生产监督管理职责的部门的工作人员	
违法行为	1.对不符合法定安全生产条件的涉及安全生产的事项予以批准或者验收通过的 2.发现未依法取得批准、验收的单位擅自从事有关活动或者接到举报后不予取缔或者不依法予以处理 3.对已经依法取得批准的单位不履行监督管理职责，发现其不再具备安全生产条件而不撤销原批准或者发现安全生产违法行为不予查处 4.在监督检查中发现重大事故隐患，不依法及时处理	前款规定以外的滥用职权、玩忽职守、徇私舞弊行为
违法后果	降职或撤职	依法处分

※ 构成犯罪的，依照刑法有关规定追究刑事责任

第八十八条

责任主体	承担安全评价、认证、检测、检验工作的机构
违法行为	1.要求被审查、验收的单位购买其指定的安全设备、器材或者其他产品 2.在对安全生产事项的审查、验收中收取费用

违法后果	情节不严重	情节严重
	由其上级机关或者监察机关责令改正，责令退还收取的费用	由其上级机关或者监察机关责令改正，责令退还收取的费用 对直接负责的主管人员和其他直接责任人员依法给予处分

第八十九条

责任主体	承担安全评价、认证、检测、检验工作的机构	
违法行为	出具虚假证明	
违法后果	没有违法所得，或违法所得不足十万元	违法所得在十万元以上
	没收违法所得，吊销其相应资质，单处或者并处十万元以上二十万元以下的罚款 对其直接负责的主管人员和其他直接责任人员处二万元以上五万元以下的罚款	没收违法所得，吊销其相应资质，处违法所得二倍以上五倍以下的罚款 对其直接负责的主管人员和其他直接责任人员处二万元以上五万元以下的罚款

※ 因有前款违法行为给他人造成损害的，承担连带赔偿责任

　　构成犯罪的，依照刑法有关规定追究刑事责任

第九十条

责任主体	生产经营单位的决策机构、主要负责人或者个人经营的投资人	
违法行为	不依照本法规定保证安全生产所必需的资金投入，致使生产经营单位不具备安全生产条件	
违法后果	未导致发生生产安全事故	导致发生生产安全事故
	责令限期改正，提供必需的资金	责令限期改正，提供必需的资金对生产经营单位的主要负责人给予撤职处分，对个人经营的投资人处二万元以上二十万元以下的罚款
	逾期未改正	逾期未改正
	责令生产经营单位停产停业整顿	责令生产经营单位停产停业整顿

※ 构成犯罪的，依照刑法有关规定追究刑事责任

第九十一条

责任主体	违法行为	违法后果					
生产经营单位的主要负责人	未履行本法规定的安全生产管理职责	未导致发生生产安全事故，未构成犯罪	未导致发生生产安全事故，构成犯罪	导致发生一般生产安全事故，未构成犯罪	导致发生重大、特别重大生产安全事故，未构成犯罪	导致发生一般生产安全事故，构成犯罪	导致发生重大、特别重大生产安全事故，构成犯罪
		责令生产经营单位限期改正	追究刑事责任，自刑罚执行完毕起，五年内不得担任任何生产经营单位的主要负责人；责令生产经营单位限期改正	撤职，自受处分之日起，五年内不得担任任何生产经营单位的主要负责人；责令生产经营单位限期改正	撤职，自受处分之日起，五年内不得担任任何生产经营单位的主要负责人；责令生产经营单位限期改正	撤职，追究刑事责任，自刑罚执行完毕之日起，五年内不得担任任何生产经营单位的主要负责人；责令生产经营单位限期改正	撤职，追究刑事责任，自刑罚执行完毕之日起，终身不得担任本行业生产经营单位的主要负责人；责令生产经营单位限期改正

续表

违法后果	逾期未改正	逾期未改正	逾期未改正	逾期未改正	逾期未改正	逾期未改正
	对生产经营单位处二万元以上五万元以下的罚款，责令停产停业整顿	对生产经营单位处二万元以上五万元以下的罚款，责令停产停业整顿	对生产经营单位处二万元以上五万元以下的罚款，责令停产停业整顿	对生产经营单位处二万元以上五万元以下的罚款，责令停产停业整顿	对生产经营单位处二万元以上五万元以下的罚款，责令停产停业整顿	对生产经营单位处二万元以上五万元以下的罚款，责令停产停业整顿

第九十二条

责任主体	生产经营单位的主要负责人			
违法行为	未履行本法规定的安全生产管理职责			
违法后果	导致发生一般生产安全事故	导致发生较大生产安全事故	导致发生重大生产安全事故	导致发生特别重大生产安全事故
	由安全生产监督管理部门处上一年年收入百分之三十的罚款	由安全生产监督管理部门处上一年年收入百分之四十的罚款	由安全生产监督管理部门处上一年年收入百分之六十的罚款	由安全生产监督管理部门处上一年年收入百分之八十的罚款

第九十三条

责任主体	生产经营单位的安全生产管理人员	
违法行为	未履行本法规定的安全生产管理职责	
违法后果	未导致发生生产安全事故	导致发生生产安全事故
	责令限期改正	暂停或者撤销其与安全生产有关的资格

※ 构成犯罪的，依照刑法有关规定追究刑事责任

第九十四条

责任主体	生产经营单位
违法行为	1. 未按照规定设置安全生产管理机构或者配备安全生产管理人员 2. 危险物品的生产、经营、储存单位以及矿山、金属冶炼、建筑施工、道路运输单位的主要负责人和安全生产管理人员未按照规定经考核合格 3. 未按照规定对从业人员、被派遣劳动者、实习学生进行安全生产教育和培训，或者未按照规定如实告知有关的安全生产事项 4. 未如实记录安全生产教育和培训情况 5. 未将事故隐患排查治理情况如实记录或者未向从业人员通报 6. 未按照规定制定生产安全事故应急救援预案或者未定期组织演练 7. 特种作业人员未按照规定经专门的安全作业培训并取得相应资格，上岗作业
违法后果	责令限期改正，可以处五万元以下的罚款
	逾期未改正
	责令停产停业整顿，处五万元以上十万元以下的罚款
	对其直接负责的主管人员和其他直接责任人员处一万元以上二万元以下的罚款

第九十五条

责任主体	生产经营单位

违法行为	1. 未按照规定对矿山、金属冶炼建设项目或者用于生产、储存、装卸危险物品的建设项目进行安全评价
	2. 矿山、金属冶炼建设项目或者用于生产、储存、装卸危险物品的建设项目没有安全设施设计或者安全设施设计未按照规定报经有关部门审查同意
	3. 矿山、金属冶炼建设项目或者用于生产、储存、装卸危险物品的建设项目的施工单位未按照批准的安全设施设计施工
	4. 矿山、金属冶炼建设项目或者用于生产、储存危险物品的建设项目竣工投入生产或者使用前，安全设施未经验收合格的
违法后果	责令停止建设或者停产停业整顿，限期改正
	逾期未改正
	处五十万元以上一百万元以下的罚款
	对其直接负责的主管人员和其他直接责任人员处二万元以上五万元以下的罚款

※ 构成犯罪的，依照刑法有关规定追究刑事责任

第九十六条

责任主体	生产经营单位
违法行为	1. 未在有较大危险因素的生产经营场所和有关设施、设备上设置明显的安全警示标志
	2. 安全设备的安装、使用、检测、改造和报废不符合国家标准或者行业标准
	3. 未对安全设备进行经常性维护、保养和定期检测
	4. 未为从业人员提供符合国家标准或者行业标准的劳动防护用品
	5. 危险物品的容器、运输工具，以及涉及人身安全、危险性较大的海洋石油开采特种设备和矿山井下特种设备未经具有专业资质的机构检测、检验合格，取得安全使用证或者安全标志，投入使用
	6. 使用应当淘汰的危及生产安全的工艺、设备

	责令限期改正，可以处五万元以下的罚款	
	逾期未改正，情节不严重	逾期未改正，情节严重
违法后果	处五万元以上二十万元以下的罚款	处五万元以上二十万元以下的罚款，责令停产停业整顿
	对其直接负责的主管人员和其他直接责任人员处一万元以上二万元以下的罚款	对其直接负责的主管人员和其他直接责任人员处一万元以上二万元以下的罚款

※ 构成犯罪的，依照刑法有关规定追究刑事责任

第九十七条

责任主体	未经依法批准，擅自生产、经营、运输、储存、使用危险物品或者处置废弃危险物品的组织和个人
违法行为	未经依法批准，擅自生产、经营、运输、储存、使用危险物品或者处置废弃危险物品
违法后果	依照有关危险物品安全管理的法律、行政法规的规定予以处罚

※ 构成犯罪的，依照刑法有关规定追究刑事责任

第九十八条

责任主体	未经依法批准，擅自生产、经营、运输、储存、使用危险物品或者处置废弃危险物品的组织和个人
违法行为	未经依法批准，擅自生产、经营、运输、储存、使用危险物品或者处置废弃危险物品
违法后果	依照有关危险物品安全管理的法律、行政法规的规定予以处罚

※ 构成犯罪的，依照刑法有关规定追究刑事责任

第九十九条

责任主体	生产经营单位
违法行为	未采取措施消除事故隐患
违法后果	责令立即消除或者限期消除
	拒不执行
	责令停产停业整顿，处十万元以上五十万元以下的罚款
	对其直接负责的主管人员和其他直接责任人员处二万元以上五万元以下的罚款

第一百条

责任主体	生产经营单位	
违法行为	将生产经营项目、场所、设备发包或者出租给不具备安全生产条件或者相应资质的单位或者个人	
违法后果	没有违法所得或者违法所得不足十万元	违法所得十万元以上
	责令限期改正，没收违法所得，单处或者并处十万元以上二十万元以下的罚款 对其直接负责的主管人员和其他直接责任人员处一万元以上二万元以下的罚款	责令限期改正，没收违法所得，处违法所得二倍以上五倍以下的罚款 对其直接负责的主管人员和其他直接责任人员处一万元以上二万元以下的罚款

※ 因有前款违法行为给他人造成损害的，承担连带赔偿责任

　构成犯罪的，依照刑法有关规定追究刑事责任

责任主体	生产经营单位
违法行为	1. 未与承包单位、承租单位签订专门的安全生产管理协议 2. 或者未在承包合同、租赁合同中明确各自的安全生产管理职责 3. 未对承包单位、承租单位的安全生产统一协调、管理
违法后果	责令限期改正，可以处五万元以下的罚款 对其直接负责的主管人员和其他直接责任人员可以处一万元以下的罚款
	逾期未改正
	责令停产停业整顿

第一百零一条

责任主体	两个以上生产经营单位
违法行为	1.在同一作业区域内进行可能危及对方安全生产的生产经营活动，未签订安全生产管理协议 2.未指定专职安全生产管理人员进行安全检查与协调
违法后果	责令限期改正，可以处五万元以下的罚款
	对其直接负责的主管人员和其他直接责任人员可以处一万元以下的罚款
	逾期未改正
	责令停产停业

第一百零二条

责任主体	生产经营单位
违法行为	1.生产、经营、储存、使用危险物品的车间、商店、仓库与员工宿舍在同一座建筑内，或者与员工宿舍的距离不符合安全要求 2.生产经营场所和员工宿舍未设有符合紧急疏散需要、标志明显、保持畅通的出口，或者锁闭、封堵生产经营场所或者员工宿舍出口

违法后果	责令限期改正，可以处五万元以下的罚款
	对其直接负责的主管人员和其他直接责任人员可以处一万元以下的罚款
	逾期未改正
	责令停产停业整顿

※ 构成犯罪的，依照刑法有关规定追究刑事责任

第一百零三条

责任主体	生产经营单位
违法行为	与从业人员订立协议，免除或者减轻其对从业人员因生产安全事故伤亡依法应承担的责任
违法后果	该协议无效
	对生产经营单位的主要负责人、个人经营的投资人处二万元以上十万元以下的罚款

第一百零四条

责任主体	生产经营单位的从业人员

违法行为	不服从管理，违反安全生产规章制度或者操作规程
违法后果	由生产经营单位给予批评教育，依照有关规章制度给予处分

※ 构成犯罪的，依照刑法有关规定追究刑事责任

第一百零五条

责任主体	生产经营单位
违法行为	违反本法规定，拒绝、阻碍负有安全生产监督管理职责的部门依法实施监督检查
违法后果	责令改正 对其直接负责的主管人员和其他直接责任人员处一万元以上二万元以下的罚款 拒不改正 处二万元以上二十万元以下的罚款

※ 构成犯罪的，依照刑法有关规定追究刑事责任

第一百零六条

责任主体	生产经营单位的主要负责人	
违法行为	1. 在本单位发生生产安全事故时，不立即组织抢救 2. 在事故调查处理期间擅离职守 3. 对生产安全事故隐瞒不报、谎报或者迟报	在事故调查处理期间逃匿
违法后果	降级、撤职，由安全生产监督管理部门处上一年年收入百分之六十至百分之一百的罚款	降级、撤职，处十五日以下拘留，由安全生产监督管理部门处上一年年收入百分之六十至百分之一百的罚款

※ 构成犯罪的，依照刑法有关规定追究刑事责任

第一百零七条

责任主体	有关地方人民政府、负有安全生产监督管理职责的部门
违法行为	对生产安全事故隐瞒不报、谎报或者迟报
违法后果	对直接负责的主管人员和其他直接责任人员依法给予处分

※ 构成犯罪的，依照刑法有关规定追究刑事责任

第一百零八条

责任主体	生产经营单位
违法行为	不具备本法和其他有关法律、行政法规和国家标准或者行业标准规定的安全生产条件，经停产停业整顿仍不具备安全生产条件
违法后果	予以关闭，有关部门依法吊销其有关证照

第一百零九条

责任主体	生产经营单位			
违法行为	发生一般事故	发生较大事故	发生重大事故	发生特别重大事故
违法后果	由安全生产监督管理部门处二十万元以上五十万元以下的罚款	由安全生产监督管理部门处五十万元以上一百万元以下的罚款	由安全生产监督管理部门处一百万元以上五百万元以下的罚款	由安全生产监督管理部门处五百万元以上一千万元以下的罚款 情节特别严重的，处一千万元以上二千万元以下的罚款

第一百一十条

行政处罚分类	决定部门
本法规定的行政处罚	由安全生产监督管理部门和其他负有安全生产监督管理职责的部门按照职责分工决定
予以关闭的行政处罚	由负有安全生产监督管理职责的部门报请县级以上人民政府按照国务院规定的权限决定
给予拘留的行政处罚	由公安机关依照治安管理处罚法的规定决定

第一百一十一条

责任主体	生产经营单位	生产安全事故的责任人
违法行为	发生生产安全事故，造成人员伤亡、他人财产损失	未依法承担赔偿责任
违法后果	依法承担赔偿责任	经人民法院依法采取执行措施后，仍不能对受害人给予足额赔偿
		继续履行赔偿义务
	拒不承担或者其负责人逃匿	受害人发现责任人有其他财产
	由人民法院依法强制执行	可以随时请求人民法院执行

第七章

附则

第一一二条

危险物品

包括

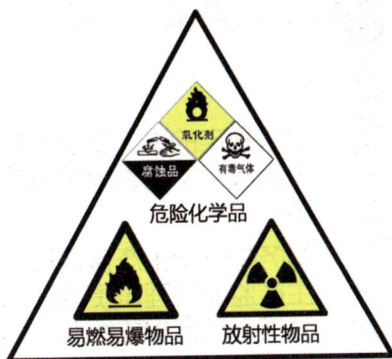

危险化学品

易燃易爆物品　　放射性物品

等能够危及人身安全和财产安全的物品

●重大危险源●
是指长期地或者临时地生产、搬运、使用或储存危险物品，且危险物品的数量等于或超过临界的单元（包括场所和设施）

本法下列用语的含义：

危险物品，是指易燃易爆物品、危险化学品、放射性物品等能够危及人身安全和财产安全的物品。

重大危险源，是指长期地或者临时地生产、搬运、使用或者储存危险物品，且危险物品的数量等于或者超过临界量的单元（包括场所和设施）。

第一一三条

本法规定的生产安全一般事故、较大事故、重大事故、特别重大事故的划分标准由国务院规定

国务院安全生产监督管理部门和其他负有安全生产监督管理职责的部门应当根据各自的职责分工，制定相关行业、领域重大事故隐患的判定标准

本法规定的生产安全一般事故、较大事故、重大事故、特别重大事故的划分标准由国务院规定。

国务院安全生产监督管理部门和其他负有安全生产监督管理职责的部门应当根据各自的职责分工，制定相关行业、领域重大事故隐患的判定标准。

第一一四条

本法自 2014 年 12 月 1 日起施行。